教員だった僕が
フィンランドで見つけた、
「今」を生きるために
大切な5つのこと

徳留宏紀
Hiroki Tokudome

教育開発研究所

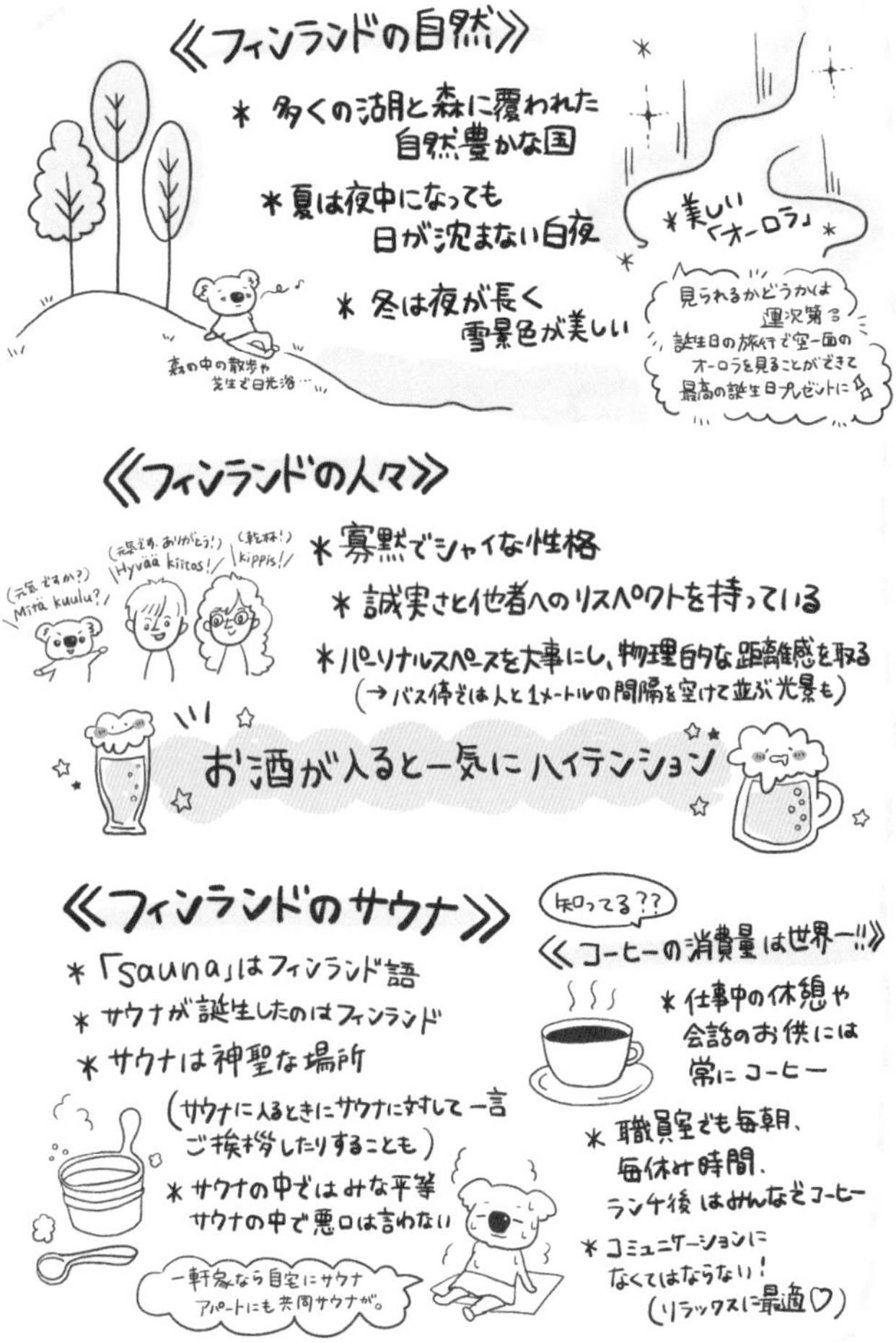
《フィンランドの自然》
＊多くの湖と森に覆われた自然豊かな国
＊夏は夜中になっても日が沈まない白夜
＊冬は夜が長く雪景色が美しい
森の中の散歩や芝生で日光浴…
＊美しい「オーロラ」
見られるかどうかは運次第?
誕生日の旅行で空一面のオーロラを見ることができて最高の誕生日プレゼントに♫
《フィンランドの人々》
(元気ですか?) Mitä kuulu?
(元気です、ありがとう!) Hyvää kiitos!
(乾杯!) kippis!
＊寡黙でシャイな性格
＊誠実さと他者へのリスペクトを持っている
＊パーソナルスペースを大事にし、物理的な距離感を取る
(→バス停では人と1メートルの間隔を空けて並ぶ光景も)
お酒が入ると一気にハイテンション
《フィンランドのサウナ》
＊「sauna」はフィンランド語
＊サウナが誕生したのはフィンランド
＊サウナは神聖な場所
(サウナに入るときにサウナに対して一言ご挨拶したりすることも)
＊サウナの中ではみな平等
サウナの中で悪口は言わない
一軒家なら自宅にサウナ
アパートにも共同サウナが。
知ってる??
《コーヒーの消費量は世界一!!》
＊仕事中の休憩や会話のお供には常にコーヒー
＊職員室でも毎朝、毎休み時間、ランチ後はみんなでコーヒー
＊コミュニケーションになくてはならない!
(リラックスに最適♡)

旅立ちの前に知っておきたい『フィンランド』ってどんな国？

日本での一般的なイメージ

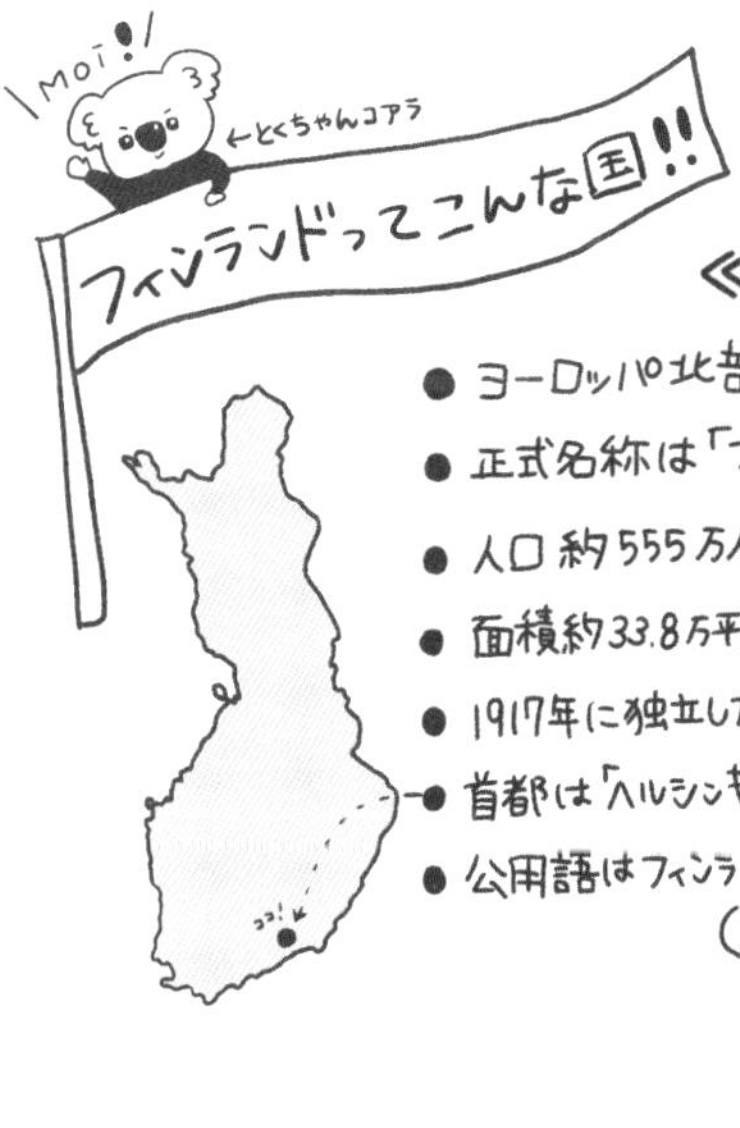

《基本情報》

- ヨーロッパ北部に位置する
- 正式名称は「フィンランド共和国」
- 人口約555万人（2022現在）
- 面積約33.8万平方キロメートル（日本よりやや小さい）
- 1917年に独立した比較的新しい国
- 首都は「ヘルシンキ」
- 公用語はフィンランド語とスウェーデン語
  （多くの人が英語も流暢に話す）

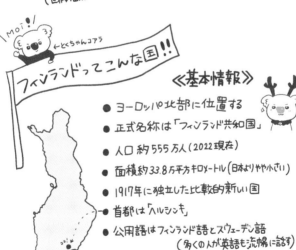

≪フィンランドの特別支援≫

＊「診断」から特別支援の対象が決められるのではなく、基本的にほぼすべての生徒がまず普通教室で過ごす

→学習上の困難さの早期発見に重きが置かれている

＊チームとして組織的に困り感の解決に努める

＊生徒の支援の必要性に基づいた3段階の支援

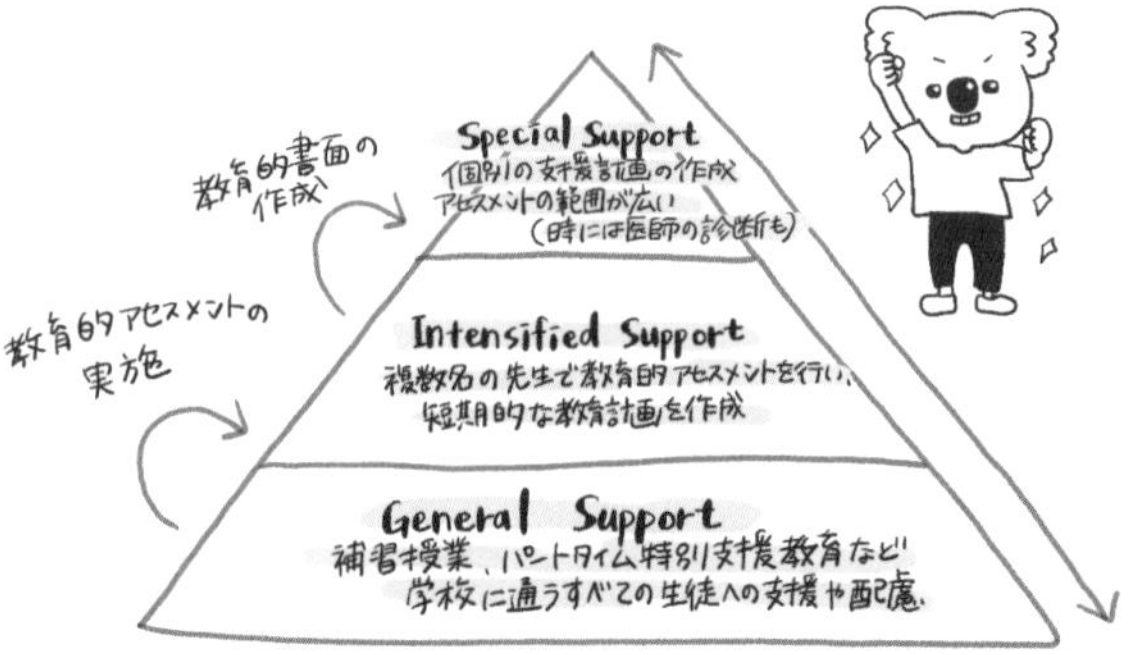

支援を必要としていない子は
誰一人としていない

という考え方

＊先生の負担が多いとの問題も

→国からのサポートで「すべての子どもたちを教室にいれる」包括的な特別支援を実現

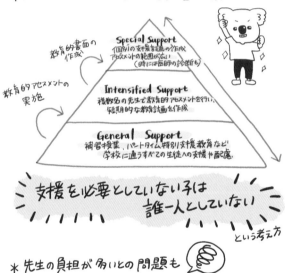

《フィンランドの教育の特徴》

＊ 教育は「無償・平等」

→ 人は平等に生まれてこないからこそ、国が平等で無償の教育を提供する

＊ 授業で使う教材、パソコン、鉛筆、消しゴム、ノートまですべて無償

＊「貧富、性別、宗教、年齢、居住地、民族、性的指向などの違いによって差別されることのない、等しい出発点を一人一人に保証する」（『フィンランドの教育はなぜ世界一なのか』より）

＊ 学校間格差や成績上位層と下位層の差が小さい

→ 一方で、小さいにせよ「格差」はある

→ 人々の間で、学校ランキングが存在していることも事実

＊ 宿題がない、テストがないというのは間違い

はじめに

「みなさん、〝今〟を生きていますか?」

奈良県三宅町という日本で2番目に小さな町の、幼保連携型認定こども園で園長をしている徳留と申します。この本を手に取ってくださり、ありがとうございます。みなさんのなかには、「あれ? 教員だったんじゃないの?」「フィンランドの本と思って手に取ったのに、園長先生?」と思われた方もいらっしゃるのではないでしょうか? タイトルにも入っている、〝今〟を生きた結果、私は今、こども園の園長をしています。

私は、2022年3月まで大阪府南部、泉佐野市立新池中学校で8年間教員として勤めていました。朝6時に家を出発し、夜10時に帰宅するという毎日で、土日も部活動があり、本当に休みなく働いていました。そんななか、さらなる学びと刺激を求めて退職し、2023年1月に日本を飛び出して海を渡りました。向かった先はフィンランド。1年間、現地の公立高校であるヘルシンキ国際高校(Helsingin kielilukio)に勤務する傍ら、フィンランド人のご家庭で、ホームステイをして過ごしてきました。

ところで、フィンランドと聞くとあなたはどんなことをイメージされますか？「北のほうにある寒い国」や「サンタクロースがいるところ」「世界一幸せな国？」などなどがあげられると思います。最近ではサウナブームの影響もあり、「サウナ発祥の地」としても有名ではないでしょうか。一方、「教育」の視点から見ると、フィンランドは少し違って映るかもしれません。それは、〝かつて学力世界1位になった国〟。当時、その世界一の教育の秘密を探ろうと、世界中の教育者たちがこぞってフィンランドを訪れました。

私とフィンランドの初めての出会いは、2019年夏、「世界の教育を見てみたい！」という思いのもと、1週間の教育視察でフィンランドを訪れたときのことです。その滞在最終日、視察ツアーを共に過ごした仲間とバルト海を眺めながら、ビール片手に語り合いました。大きな刺激をもらった1週間を振り返り、「この先の人生、チャレンジに溢れるものにしていきたい。いつかまた、フィンランドに戻ってきて、ここで生活をしたい。もっともっと世界を舞台に活躍したい！」と、誓ったのでした。この誓いから3年半後、私は再びフィンランドへ向かいました。このとき、夢をもったからこそ、その夢が叶ったのだと確信しています。

フィンランドでの暮らしのなかで、フィンランド人の友人たちがこぞって口にしていた言葉に、「未来のことは誰にもわからない。だからこそ今を大事にしないと」というものがあります。これは、1年のほとんどの時間を寒い冬のなかで過ごすフィンランドだからこそのマインドであり、常々自分と向き合い、哲学的に物事を捉えている証なのかもしれません。日本から遠く離れたフィンランドの地で学んだことは、本当にたくさんあり、これからの私の人生においても大切にしていきたいものばかりでした。未来は誰にもわからないからこそ、明るい未来を信じ、今を全力で生きていくほかないのです。

さて、あなたは、この本にどんなことを期待されていますか？　タイトルを見て、「教員である自分もチャレンジする勇気がほしい」はたまた、「〝今〟を生きるためのヒントがほしい」「フィンランドでの生活を知りたい」「とにかくフィンランドが好き」などなど、いろんな思いをお持ちなのではないかと思います。

大きな希望と覚悟を胸に過ごしたフィンランドでの1年間は、私にとって本当にかけがえのない大切な時間となりました。素敵なご縁に心を躍らせ、周りの方々の優しさに包まれた日々は一生の宝物です。本書では、この365日の旅を、自分のありのままの言葉で綴っていきます。つまり、「フィンランドの教育ってすごいでしょ」という紹介本でもなければ、「これさえやれば、明日からあなたは劇的に変わります!」という方法論を述べるものでもありません。フィンランドの教育現場だけにとどまらず、日常生活や人との関わりのなかで見つけた〝今〟を生きるために大切なことを、5つのキーワードを軸に、血の通ったエピソードを交えながらお伝えしていきます。

教員だった僕が書いた本ではありますが、教育現場だけでなく、何かにチャレンジしたい人、今の人生をもっともっと豊かにしたいと思っている人、フィンランドに限らず海外で生活してみたい人、そんな方々に向けても、言葉を紡いでいます。

さあ、準備はいいですか? パスポートは必要ありません。この本を読み終えたときに、あなたの心が一歩前に進んでいることを願っています。

では、あなたにとって大切な気づきを得る旅に一緒に出かけましょう!

目次

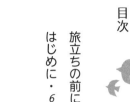

1章

チャレンジ

チャレンジ

あなたは、ここ数年を振り返って何か「チャレンジした！」と思えるようなことはありますか？

私は、この5年間で本当にたくさんのことにチャレンジしてきたと実感しています。そのなかでも、教員を辞めてフィンランドへ飛び立ったことは最も大きなチャレンジです。

私にとってのチャレンジとは、どんな未来が待っているのかわからないことや、いまだかつて経験したことのないことに対して、不安や希望を抱きながらも、楽しみながら行動していくことです。さらにはチャレンジしているときは、自分自身が謙虚でいられるのではないかとも考えています。

1章では、「チャレンジ」をキーワードにお話ししていきます。

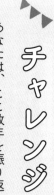

1 フィンランドへ旅立つまで

フィンランドとの出会い

苦しい新任時代からの転機

10年前、大学を卒業してすぐに教員の道へと進んだ当時の私は、どこにでもいる一人の新任教員でした。この頃は、「何事も全力でやります!」という言葉が独り歩きしているようで、全力ゆえにから回ることも多かったように思います。当時は、経験不足と自身の未熟さから、目の前のことに精一杯で、辛さなどはあまり感じていませんでしたが、今振り返ってみると苦しい時期を過ごしていたのだと思います。

そんな教員生活を過ごしているなかで、5年目に転機が訪れました。学校改革のリーダーのポジションに任命されたのです。そこで求められた役割は、担任や授業はもたずに、子どもたちの確かな学力を育むために、他教員への働きかけや研修会の企画などを通して学校を改革していく旗振り役となることでした。

当時は1週間のうち3日以上は学校を離れて、先進校の視察や研修会などに参加し、そこでの学びを学校に還元していました。学校の外に目を向けるという仕事は私にぴったりで、魅力的な学びの場があれば、日本中、どこへでも飛んでいっていました。

「フィンランドにいくしかない！」

そんな日々を過ごしているさなか、「日本ではいろんなところに足を運んでみたけれど、世界の教育ってどうなっているのだろう？」と、インターネットで世界の教育について調べてみました。そこでヒットしたのが、フィンランドでした。

過去に世界の学力テストで1位を取って注目を集めた国であり、この教育先進国の秘密を探ろうと世界中の教育者がこぞって訪れていたことを知りました。さらに検索すると、なんと半年後に日本からフィンランドへの教育視察ツアーが開催されるとの情報を見つけたのです。当時、一度も海を渡ったことのなかった私でしたが、直感的に「フィンランドにいくしかない！」と即、決断しました。

その教育視察で訪れたときこそが、私とフィンランドの初めての出会いでした。たった

1週間という限られた時間でしたが、初めて日本以外の国で行われている教育を目の当たりにし、心躍ったことを今でも覚えています。

教育視察では、フィンランドの先生方が忙しいなかで時間をつくって丁寧に説明してくださったことに感謝しています。その一方で、「視察という表面的なものではなく、学校内部の人間として働き、もっともっと学んでみたいな。そして、実際にフィンランドで生活してみたいな」という感情が芽生えたのです。そんな思いと共に帰国し、また、中学校教員としての日々の生活に戻っていったのでした。

言い訳ばかりの自分からの卒業

できないことへの言い訳

毎日が怒涛のように過ぎ去っていく教員生活のなかで、忘れがたいフィンランドへの思いが常に心にありました。そして、どうしたらこの思いを現実のものにすることができるかとワクワクと想像する一方で、頭の中の悪魔がこうささやくのです。「英語ができないけど大丈夫なの？　行きたいって言ってるけど仕事はどうするの？　辞めるつもり？」と。

みなさんのなかにも、「海外で生活してみたい！」と思っていても、自分の言語力に自信がなかったり、将来の仕事やお金に対する心配があったりして、なかなかその一歩を踏み出せないという経験がある方もいるのではないでしょうか。私もその一人でした。

とくに英語力に関しては、コンプレックスがありました。幼い頃から英会話教室に通わせてもらっていた影響で、海外の方と話すことは好きでしたし、学生時代もそれなりに英語の勉強はしてきました。ただ、それはテストのための勉強で、一夜明けるとすぐに記憶から消えてしまうような、全く実践的なものではなかったのです。さらには学生時代に努力しきれなかった自分に対する負い目も少なからずありました。

友人の言葉に目が覚める

そんな私が劇的に変化する出来事が起こりました。ある友人と話をしていたときのことです。私が「いつか海外で生活してみたいと思っている。だけど自分は英語があまりできないし、毎日仕事で忙しいから英語の勉強に割く時間もないしなぁ」と今の自分を嘆くように言いました。するとその友人から「とくに努力もしやんと英語ができひんできひんって言い訳ばっかりして、全然あかんわ。言い訳ばっかりしてるんちゃうで」とものすごい勢いで叱咤されたのです。

当時保育士だった彼女は、苦手だった英語を努力して習得し、自らの力でカナダの保育園で働くチャンスをつかみ取ったり、専門知識と英語力を生かして日本のインターナショナルスクールで働いたりしていました。この彼女の言葉は、私が自分に言い訳をして、現状から逃げていたことに気づく大きなきっかけとなりました。

私はハッと目が覚め、翌日からさっそくオンライン英会話を始め、毎日勤務前の朝5時からレッスンを受けるという日々を3年間続けました。その期間に生徒たちと共に英検にチャレンジするなど、楽しみながら英語に触れられたことで、私の中で英語に対するアレルギーはなくなっていきました。英語力という観点ではまだまだでしたが、日常生活レベルでは臆することなく英語でコミュニケーションをとれるようになったのです。

こうして語学の面でのマインドは少しずつ変わっていきましたが、仕事を辞めることにはなかなか踏み出せませんでした。仕事を失うことへの恐怖や辞めた後のお金の心配などより、感覚的にまだこのタイミングではないな、まだ教員としてやりたいことがあるなという気持ちが強くありました。

「生徒たちに恥じない生き方をしたい」

本来担任をもつことはないポジションであったにもかかわらず、その年はラッキーな巡りあわせで担任をもつことができました。そして、クラスの生徒たちに毎日いろんな話をするなかで、次第に自分への違和感が芽生えてきました。生徒たちには「チャレンジしろ！　夢を持つことが大事だ」と言っているのに、はたして今の自分はどうなのだろうかと。

そんなことを日々自問するなかで、彼らに対して恥じない生き方・あり方でいたいと思うようになっていきました。つまりは、自分自身がチャレンジし、夢を追いかける存在であろうと。そして、いつどこで彼らに会っても、後ろめたさを感じることなく、「今を全力で楽しんで生きているよ」と話せる自分でありたいと本気で思うようになったのです。

彼らとの出会いもきっかけとなり、「今、このタイミングが教員を辞めてチャレンジするときだ」と確信しました。そうして、私は教員を辞めて、「フィンランドの学校で働き、生活する」という夢の実現に向かっていったのです。卒業式の前日、「私も明日みなさんと一緒に卒業します！　夢をもって全力で生きていこう！」と宣言したときの、生徒たちの、未来に対してワクワクするような瞳、わかっていましたよと言わんばかりの笑顔でうなずく姿が今でも心に残っています。

コンフォートゾーンを飛び出す

安心・安全な場所から出ることで得られる刺激を求めて

こうして、フィンランド行きを決めましたが、「公務員の〝安定〟を捨てて、よくチャレンジしたね」などと言う方もいました。世間的に見れば、公務員は安定していて、一度その職に就くと定年退職の日まで働き続けるというイメージが今もなお残っています。もちろん公務員として定年まで働くことを否定しませんし、私自身、公務員としての恩恵を受けてきました。私は8年間同じ学校に勤めていたので、毎年の勝手もわかり、同僚とも良好な人間関係を築くことができて、これ以上なく居心地のよい職場で働かせてもらえていました。私にとって当時の職場は、まさに安心・安全・快適な「コンフォートゾーン」だったのです。

「コンフォートゾーン」という言葉は自己啓発やコーチングの世界でよく語られますが、簡単に言うと、ストレスが少なく、安心して過ごせる環境のことです。もちろんそのような環境に身を置いていても、自分のマインド次第で成長のチャンスはあると思いますが、私の場合はこの快適な環境から外に出ることで得られるであろう刺激を求めて、コンフォートゾーンから飛び出しました。安定を捨てることへの恐怖よりも、安定したところで過ごし続けていくことで現状に甘んじ、成長を止めてしまう自分への恐れが上回ったために、決断することができたのです。

思考停止では生きていけない「チャレンジ」の世界へ

慣れ親しんだ職場、当たり前のように生活することができる日本から一転、フィンランドでは言葉も文化も背景も違う教育現場、街で切符一枚買うのにも四苦八苦するような環境に身を置くことになります。そうした環境では、常に考えて生きていかなければなりませんし、目の前のことに精一杯になるので、文句や言い訳を言っている暇なんてありません。つまり、思考停止していては生きていけないということです。それこそが、コンフォートゾーンを飛び出してチャレンジすることの醍醐味だと思っています。

コンフォートゾーンを飛び出すのは、とても勇気がいることです。今すぐあなたに「コンフォートゾーンを飛び出してください！」なんてことは言いません。ただ、あなた自身が、今置かれている状況に甘んじていたり、生産性のない文句をつらつらと並べていると感じるならば、飛び出してみる選択肢もあるということをお伝えしたいです。

思考停止をせず、文句や言い訳を言わなくなったときに、おのずと自分と向き合わざるを得なくなり、その機会こそが成長につながるのだと、フィンランドで生活するなかで日々感じるようになっていきました。あなたにとってベストなタイミングが来たら、まだ見ぬ成長の世界に飛び出してみてください！

2 フィンランドで働く

フィンランドで働くための方法――私の場合

ICYEを利用してフィンランドの高校へ

多くの方から「どうやってフィンランドで生活したり学校で働いたりできるようになっ

たのですか？」と質問されます。私の場合は、International Cultural Youth Exchange（以下ＩＣＹＥ）と呼ばれるコミュニティを利用することで、滞在ビザを得ることができました。

ＩＣＹＥは、世界41ヵ国で構成される団体で、異文化学習の経験と機会を提供するという目的のもと、国際ボランティア活動を通じて若者の成長を促進させ、加盟国間で交換プログラムを行っています。つまり世界各国から訪れた若者が集う交流の場にもなっているのです。

フィンランドに到着して、ウェルカムキャンプに参加した際には、ドイツ、スペイン、イタリア、トルコ、ウガンダ、ケニアなどなど18ヵ国にわたる国から来た仲間と出会うことができました。それぞれのボランティア活動場所は、小学校や障がい者福祉施設、スポーツクラブなど多岐にわたっています。

私の場合は、２０２３年１月から１年間、アシスタントティーチャーという位置づけで

ICYEでのウェルカムキャンプを終えて

ヘルシンキ国際高校（Helsingin kieliluKio）で働かせてもらえることになりました。ヘルシンキ国際高校は、フィンランドの首都ヘルシンキの東部に位置する公立高校です。とくに語学に力を入れており、フィンランド語、スウェーデン語、英語、アラビア語、フランス語、スペイン語、日本語、韓国語などさまざまな言語の授業が行われているのが特徴です。

また、非常に国際色豊かで、さまざまな国に背景をもつ生徒が多く、まさに多様性を体現している学校です。私は主に日本語、生物、地学、数学のアシスタントとして、授業に関わっていました。体育や音楽の時間には一緒にアクティビティに参加するなど、生徒と一緒に充実した日々を過ごしました。

ホストファミリーと暮らす

生活はというと、ホームステイでホストファミリーと一緒に暮らしました。1年間で3つの家庭とご縁がありました（夏には1ヵ月間一人暮らしも経験しました）。

異国から来た人間を長期にわたり家に招き入れることのハードルの高さは想像に難くないですが、どのファミリーも家族同然のように温かく迎え入れてくれ、フィンランド家庭の日常生活や、季節ごとの伝統的な行事のすべてを体験させてもらいました。

もちろん毎日の食事も提供してもらい、食文化の違いに日々舌鼓を打ちました。とくに、フィンランドのサーモン（lohi）は最高においしく、食卓に並ぶ日にはテンションがMAXになっていました（笑）。

国際学会での発表へのチャレンジ

お遊びはここまで

フィンランドに来て2ヵ月が経とうとしていたある日、フィンランド国立教育研究所ポスドクリサーチャーの矢《や》田《だ》匠《たくみ》さんから、中央フィンランドに位置するユバスキュラ大学で行われるSTEAM教育の国際学会で発表をしてみないかとの連絡をもらいました。私としてはこのうえない機会であり、二つ返事でぜひともお願いしますとお答えしました。

　後々考えると、これまで、世界各国から教育関係者が集まる学会で発表した経験などなく、ましてや英語での発表ということで、私にとってまさにチャレンジングな機会でしたが、当時は少しの不安とワクワク感に包まれていました。ひとまず日本での教育実践をスライドにまとめ、英語で台本をつくり、矢田さんに加筆修正を加えてもらいました。その頃の私は、「英語は不安だけど、台本を読めばなんとかなるか。当日は台本をしっかりと読もう」と思っていました。

けれど、学会を1週間後に控えたある日、矢田さんから「どう？ 学会の発表準備は進んでいる？ まさか、台本をそのまま読むつもりじゃないよね？」と言われたのです。まさにそのつもりであった私は、血の気が引いたことが自分でもわかるほど打ちひしがれました。「まあ、フィンランドに来て3ヵ月。観光気分のお遊びはこの辺で終わりってことだね」と、微笑を浮かべながらも、真剣な言葉を投げかけられました。この言葉に、これはやるしかないと腹を括ると同時に、フィンランドに来て日本で大切にしていたことを忘れてしまっていた自分に気づくことにもなりました。

私は日本で講演を行うときは、いつも台本は一切つくらず、スライドのみで臨んでいました。それは、視聴者の表情やその場の空気を感じ、自分の言葉を紡ぎながら話すことが、最もよく伝わる方法であると考えていたからです。台本に目を落とし一言一句読んでいては、視聴者の表情や雰囲気を感じることはできず、独りよがりの発表になってしまうとまで思っていました。そのことをすっかり忘れ、英語だからという理由で、台本を読めばいいやと逃げの選択をしていた自分をこのうえなく恥じた瞬間でもありました。

それからというもの、一生を決める試験に臨む学生かのように、毎日ひたすら発表の練習と台本の暗記に取り組みました。当日を迎える瞬間に「ここまでやりきったから、どうなっても今の自分の実力」と言い切れるほどまでやるしかない、との覚悟で臨みました。

自分にとっては初めての経験で、どんな未来が待っているかもわからない状況ではありましたが、当日に向けてチャレンジしている過程は、不安と隣り合わせでありながら、心地よくもある時間でした。

「リスペクト」と「ポジティブ」があふれる世界の学び

迎えた当日、世界各国からたくさんの方が参加している場で、私の発表が始まりました。初めは緊張していましたが、みなさんの温かいまなざしと、笑顔でうなずいてくれる様子に、リラックスしながら話すことができ、アドリブでセリフを加えることもできました。

発表を終えた後、矢田さんが「実は、彼は今日が初めての発表だったんだ」と言ってくださると、「私たちにもデビュー戦があったから、あなたの気持ちがわかるよ」というかのように、会場はスタンディングオベーションばかりの拍手に包まれ、直接グッジョブと言いに来てくださる方もたくさんいました。発表内容に感銘を受けてくれたペルー人の先生と今でも連絡を取り合う関係になるなど、素敵な出会いもありました。

こうして私のチャレンジをポジティブに温かく受け入れてくれたことが本当に嬉しく、ほっとする気持ちと、こんな世界があるのだと文字どおり世界が広がった興奮を今でも覚えています。

その後の懇親会でも、こんなにも美しく心躍る世界があるのかと衝撃を受けるような時間を味わいました。そこにいる皆が楽しそうに会話し、相手が誰であろうと、自分がどれだけの研究実績をもっていようと、マウントを取るようなことは一切なく、誰もが相手にリスペクトをもってひと時を過ごしていたのです。そして、そこにはポジティブなオーラがあふれていて、皆が好奇心をもって楽しんでいました。海外における研究の世界がこんなにもリスペクトにあふれ、ポジティブなものであることを知った衝撃はすさまじく、ただただ目の前の景色が眩しく、私はその夜、異様な興奮状態のまま眠りにつくことができませんでした。

本気でチャレンジしたからこそ見えた景色

この学会での貴重な経験で、チャレンジすることの大切さ以上に、そのチャレンジに自分がどれほどまで本気になれていたかということの大切さも学ぶことができました。〝デビュー戦〟としてはまずまずの出来だったかもしれませんが、本当に拙い英語であることは間違いないですし、もっともっと精進しなければならないことは明白です。ただ、今自分ができうるすべてを出し切った結果だからこそ、自分にとって納得のいくものになったのではないかと思います。

言い換えれば、これ以上自分にできることはないという、やりきった状態であればこそ、どのような結果もすべて受け入れることができるのです。台本を読んでその場を乗り切ろうとした「逃げ」の自分だったら、発表後のあの温かい拍手を感じることはできなかったでしょうし、懇親会の時間もまた違って見えていたに違いありません。チャレンジしたからこそ出会える

世界各国から学会に参加するために集った教育関係者たち

景色があることを大いに感じる機会となりました。

厳しくも大きな愛で私をチャレンジへと導いてくださった矢田さんへの感謝の思いは、尽きることがありません。

学校でのチャレンジ

授業を担当するチャンスの到来

ヘルシンキ国際高校では、アシスタントティーチャーとして、メインの先生の授業のサポートをするのが主な役割でした。困っている生徒への声掛けや、先生のお手伝いなどが中心です。

そんななか、10月下旬からの2週間、日本語授業のメインの先生が日本への修学旅行の引率をするということで、私が一人で日本語の授業を担当する機会を得ることができました。

日本で教員を退職して、約2年ぶりに授業をもてることへのワクワクした嬉しい気持ちと同時に、異国の地において一人で授業を担当することへの不安も少なからずありました。

ただ、授業を担当すると決まったからには最高の準備をして、生徒たちに今まで以上に日本に興味をもってもらえるような授業、日本を好きになってもらえるような授業をしたいと意気込んでいました。

そんな思いを胸に、2週間分、計24コマの授業準備に取りかかりました。クラスの一部の生徒は修学旅行に行っているため、学校に残った生徒が対象の授業です。そのため、特別授業という位置づけで、通常のカリキュラムとは違い、自由に授業設計することが許されていたので、日本について幅広く取り扱うこととし、日本文化を中心に、衣食住、アニメ・マンガ、スポーツ、伝統行事、おりがみなど多岐にわたって紹介することにしました。

生徒たちが日本に興味をもつきっかけはそれぞれですが、アニメやマンガから入るケースが最も多い印象がありました。Hayao Miyazaki はとくに有名で、トトロはムーミンのライバルではないかと思うほどに、フィンランドでもなじみの深いキャラクターとなっています。ほかにも、『ワンピース』や『NARUTO』『銀魂』『鬼滅の刃』は、授業に参加している生徒のほとんどが知っていました。意外にも、『ドラえもん』や『サザエさん』『クレヨンしんちゃん』はそれほど知名度が高くありませんでした。

改めて気づいた「授業をするうえで大切なこと」
――リスペクト、笑顔、オープンマインド

授業を行ううえで最も危惧していたのは、やはり言語です。流暢な英語やフィンランド語で授業ができればいいですが、そう簡単にいくものではありません。そこで、ここは開き直って自分の言語力をフル活用し、英語、フィンランド語、日本語をミックスして授業を進めていくことを決心しました。言語面での聞きづらさや理解のしづらさは、事前準備のスライドや動画でカバーし、とにかく生徒たちが興味をもって、楽しみながら授業に取り組めるようにすることをめざしました。

それでも、授業をやってみないことには不安を拭い去ることはできません。そこで日本での教員時代を思い出し、毎回の授業で行っていたことを取り入れようと考えました。それは、授業前に教室の入口に立って生徒たちを笑顔で迎え入れることと、授業後に出口で「ありがとうございました、また次回ね」という感謝を伝え

お箸の練習

るということです。できるだけ授業以外でコミュニケーションをとることに努め、生徒との関係性づくりに力を入れたのです。

いざ授業が始まると、言語面で生徒に不便をかけることもありましたが、生徒たちが楽しんで授業に参加する姿をたくさん見ることができました。つたない説明だったかもしれませんが、生徒たちが私の話をリスペクトをもって聞いてくれていることはたしかに伝わってきました。英語が浮かんでこない時は、適切な単語を笑顔で教えてくれる一幕もありました。ほかにも、いつもなら比較的短い時間で集中が切れてしまう生徒がおりがみで鶴を懸命に折る姿や、お箸の使い方を互いに教え合う光景なども見られました。

このかけがえのない2週間は、授業をするうえで大切なことを改めて私に教えてくれました。①常に彼らにリスペクトの気持ちをもつこと、②常に笑顔でいること、③常にオープンマインドでいること、この3つの大切なことを再認識させてくれました。これは、日本でもフィンランドでもきっと共通していることであり、異国の地でチャレンジしたからこそ見えてきたことでもあります。チャレンジすることで新しい世界が見えることもあれば、改めて大切なことに気づかせてもらえることもあるということを学びました。

新たな人生へのチャレンジ

少し話は変わりますが、私は今、奈良県にある三宅町立三宅幼児園（認定こども園）の園長として働いています。実は、この仕事に就くことはフィンランドに行く前には全く決まっておらず、フィンランド滞在中に三宅町の町長、ならびに教育長から就任のオファーをいただき、お引き受けしたのです。私にとってこのうえなくチャレンジングかつ、魅力的なこのオファーを引き受けることはそうむずかしいことではなく、ほとんど迷わずに決断できましたが、この決断の背景には、忘れることのできないストーリーがあります。

幼稚園の先生との出会い

フィンランドでの生活も後半に差しかかった9月、前述の矢田さんのご紹介で、ポーランドの港町グダンスクにて、1週間にわたるSTEAM教育の研修会に参加できることになりました。この研修会では、ポーランド、ハンガリー、フィンランドからメンバーが集い、ワークショップや授業案の作成などが行われます。私は、フィンランドチームの一員として参加しました。

研修は、スポーツクラブが幼稚園と小・中学校を運営している教育施設で行われました。それぞれの施設を見学させてもらうなかで、私の心は幼稚園に惹きつけられており、自分が園長として働くイメージを頭の中で膨らませていました。さらには、「フィンランドでのすべての行程を終えたあと、日本に帰る前にこの幼稚園でトレーニングをさせてもらえたらいいな」とも、心の中で思っていました。

研修3日目、主催者のポーランドチームのみなさんが、ディナーに招待してくれました。このディナーには、幼稚園で管理職をされている3名の先生も参加していて、幼児教育についてのお話を聞く絶好のチャンスでもありました。

ちょうどそれは、1ヵ月前に園長就任のオファーをいただいていたものの、決断には至っていないという時期でした。園長に就任する可能性があることと、自分の気持ちが就任に大きく傾いていることを伝えてみると、「それなら日本に帰る前にうちで働いてみたらいいよ！　私たちは大歓迎よ」と、こちらからお願いする前に声をかけてくれたのでした。さらには、「園長になる可能性があるって言ってたけど、正式決定してないの？　それはいつ決まるの？」と聞かれ、「勤務の詳細が確定して、私が決断すれば就任が決定します」と伝えました。

グダンスクの朝日に誓う

そんなディナーでのやりとりがあった次の日の朝、まさに絶好のタイミングで三宅町から正式なオファーが届きました。それは、フィンランドチームのみんなとビーチに昇る朝日を眺めていた時でした。もう迷いはありませんでした。グダンスクという地が背中を押してくれたかのように、さらには昇る朝日に誓うかのように、園長に就任することを決断しました。そのすぐ後に、三宅町町長、教育長とオンライン通話でつながったのもこの美しきビーチであり、まさに私にとってグダンスクが忘れられない始まりの地、大切な場所となったのです。

こうして、グダンスク滞在中に帰国後の就職が決まり、それに伴い帰国直前のポーランドでの幼児教育のトレーニングが決定しました。見事にすべてのタイミングが重なったことも大きな要因ですが、園長に就任することも、ポーランドで研修をすることも、自分にとっての絶好のチャンスであり、それを逃したくないという気持ちが、その決定において最も大きいものでした。

チャレンジを成功させるために欠かせないものとして、「察知力」があると思います。「幸運の女神には前髪しかない」という言葉があるように、「ここぞ」を逃してはいけないと感じた自分を信じることにしたのです。日本を発つ時には、考えてもいなかった未来の扉が大きく開きました。その扉の向こうに飛び込んでいくワクワクもまた、チャレンジに必要なものであると確信しています。

3 フィンランドで生活する

日常でのチャレンジ

切り取られたもみあげ

フィンランドでの生活では、人生を決めるような大きなチャレンジもあれば、日常における小さなチャレンジもたくさんありました。小さなチャレンジのなかには、今となってはネタになる失敗もありました。

そんなエピソードの一つをご紹介します。フィンランドで初めて美容院に行ったときのことです。言葉がわからないなりに「フィンランドで流行《はや》っている一番イケてる髪型にしてください」とお願いしたところ、美容師さんは「わかった、俺に任せておけ！」と意気揚々と切り始めました。そうして切り終えた後の私のもみあげは、シャキーンと切りそろえられ、なくなっていたのです。町行く若者の髪型を見ても、そんな人はどこにもおらず、一体どこが一番イケてる髪型なのかと、今後のフィンランドでの髪型事情の先行きを不安に思ったことも、今ではいい思い出です。

チャレンジした先の失敗を恐れて一歩踏み出せない方がいたら、このもみあげの話を思い出してください。たいていのことは、あとから笑い飛ばせるものです。チャレンジしなければ、おもしろいことにも出会えません。その時は痛手かもしれませんが、おもしろいネタ集めと思えば、ハードルも下がっていきますね。

カフェでの注文を成長につなげる

チャレンジし続けることで成長していったこともあります。それは、カフェでの注文のやり取りです。覚えたてのフィンランド語で「Yksi kahvi, kiitos.（コーヒー一つお願いします）」と言うと、店員さんは、いつも笑顔でオッケーと言って、コーヒーをつくり始めてくれます。しかし、問題はそのあとです。コーヒーを注文するフレーズだけを覚えていたので、そのあとの会話もフィンランド語で続けられると、全くわからないのです。

初めの頃は、「ごめんなさい。この後は英語でお願いします」と伝えていたのですが、慣れてくるうちに、コーヒーのサイズ、ミルクが必要かどうか、テイクアウトか、レシートはいるか、それらすべてをフィンランド語でやり取りできるようになっていきました。

そして、いつも「Minä opiskelen suomea.（私はフィンランド語を勉強しています）」と伝えると、「いいね！　上手だね」と言ってもらえるので、それをまた学びへのモチベーションに変えていました。コーヒーも飲めて、自己肯定感もあがる、一石二鳥の成長への道でした。

好奇心からさらなる挑戦へ

好奇心のままに、ヨーロッパの国々を旅する

フィンランドで働いて驚いたことの一つは、年間を通して休みが多いということです。2ヵ月間に及ぶ夏休みに加えて、秋休み、クリスマス休暇、スキー休暇、イースター休暇と、2ヵ月に1回程度は1週間以上の休みがありました。さらに私の場合は、アシスタントティーチャーということもあり、テスト期間の1週間はお休みだったので、毎月のように1週間の休みがありました。

そうしたなか、この休みを効果的に使えないかと考え、可能な限りフィンランドから出ていろんな国を旅する時間に充てたいと思うようになりました。みなさんのなかには、「海外に行くお金はあるけど、時間がない」という方が多いかもしれませんが、私の場合は、「時間はある！　お金は何とかなる！　よし、行こう！」というマインドで、毎月のようにさまざまな国を訪れるようになっていきました。

今までフィンランドしか訪れたことのなかった自分が、この1年間でヨーロッパ18ヵ国を巡ることができました。ちなみに、ユーロ圏内は移動が非常にスムーズで、電車やバスで国境を越えることが何度もありました。日本なら、都道府県をまたぐ旅行をしている感覚です。航空券も、往復で5万円もあれば基本的にどこでも行けます。

そんな恵まれた環境ではあったものの、やはり最初の旅に踏み出すまでは、どうなるのだろうという不安と、新しい世界はどんなだろうというワクワクが隣り合わせの状態でした。そこから思い切って一歩目を踏み出したことで、「海外旅行、一人でもなんとかなる！めちゃめちゃ刺激的で楽しい！」と心理的なハードルが下がり、次から次へと自分の好奇心の扉が開いていきました。

私の場合は、旅行に行く⇓見たかった景色・したかった体験に出会う⇓旅行の移動中に次なる旅先を決めるという感じで、一番自分の心のアンテナの感度が高い時に、次なる刺激を探すということをしていました。自分を高めるためのチャレンジもあれば、自分の好奇心に従って突き動かされていくチャレンジもあるということです。

新しい刺激を求めてチャレンジは繰り返される

フィンランド伝統の「アヴァント」は、まさに私にとって、好奇心からのチャレンジでした。「アヴァント」とは、冬の凍った海や湖に穴をあけて、その穴に入るというものです。聞いただけでも震えあがりそうな寒さが想像できますよね？

フィンランドには、極寒のなかで水着に着替え、サウナに入ることなくアヴァントだけをして帰っていくという猛者もいますが、もちろん私はサウナでしっかりと身体を温めてから、穴に飛び込みます。初めてのときは、この世の終わりではないかと思うほどの冷たさで、5秒も耐えられませんでしたが、だんだんと「次はもうちょっと長く入ってみよう」「あれ、なんとなくまだいけそうだぞ」といった具合に身体が慣れていきました。

繰り返し体験していくうちに、入るときにギャーギャーと騒ぐこともなくなってきます。フィンランドに来てすぐの頃は、サウナに入ることも、海に飛び込むことも、サウナストーブに水をかけることも新鮮で刺激的なものでしたが、いつしかそれも自分のなかで当たり前のものへと変わっていきました。

人間誰しも、どれだけ心躍らされたものであっても時が経つと当たり前になっていくのは避けられないことかもしれません。私にとって、フィンランドでの生活や、いろんな国を旅することがそうであったように、です。ただ、それはけっして悪いことではなく、いい意味での慣れであり、自分がそのレベルに順応して

凍った湖や海に入ることにも慣れました　最高の健康法です

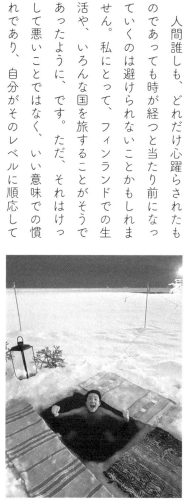

きている証であると考えることもできます。現状に慣れてきたからこそ、また新しい何かに出会いたい、もっと違う世界を見てみたいという好奇心がモチベーションを上げていくのではないでしょうか。

好奇心に突き動かされてチャレンジし、それに慣れることで自分のコンフォートゾーンへと変容する、そしてまた新しい刺激を求めてチャレンジしていく。この繰り返しなのだと思います。そしてこの流れでいくと、私が次回フィンランドを訪れた際には、サウナで身体を温めることなく凍った海に飛び込むことにチャレンジするでしょう（笑）。それはそれで楽しみで仕方ないです！

私たちが見たヒロキ〜フィンランドからの証言〜

マリ (Mari)

●ICYEフィンランドのプログラム・コーディネーター

ICYEのボランティア期間にヒロキと一緒に活動できたことは、本当にすばらしい経験でした。ヒロキはいつも笑顔でICYEフィンランド事務所に来て、私たちに声をかけてくれたんです。

彼は、いつもメールに"Minä arvostan sinua"（「あなたを尊敬しています」）と書いてくれました。プログラム・コーディネーターとしての私の仕事にこんな言葉をもらえたことはとても支えになったし、やる気が湧きました。

私が国際ボランティアの仕事をしてきた13年間に出会ったなかでも、ヒロキはとてもポジティブで活動的なボランティアでした。彼はすばらしいユーモアのセンス、柔軟性、そしてこのうえない社交性を武器に、フィンランドでのポジティブな経験と幅広い友人ネットワークを築いていきました。

フィンランドはこの数年、世界で最も幸せな国としてランキングされていますが、ヒロキと出会って私たちはさらに幸せになったのです！

いつも優しく包み込むような
笑顔で迎え入れてくれたマリ

テイヤ (Teija)

●夫、娘（19歳）、ラブラドールレトリバー（ユッシ5歳）との4人家族
●ホストファミリー

ヒロキとの出会い、共に過ごした時間

ICYEのマリから、ヒロキを9月の1ヵ月間受け入れてもらえないかと言われ、私たちは大歓迎で彼をわが家に迎え入れることにしました。日本文化にとても興味があって、私も日本語を勉強しています。日本を訪れたこともあったので、彼を招待することで日本の雰囲気を家に持ち込んでくれることがとても楽しみでした。

彼とは、フィンランドにやってきてすぐの1月に家で一緒に夕飯を食べたこともありました。彼はとても礼儀正しくて、幸せそうで、私たちに曲げわっぱのカップなど、日本の素敵な贈り物を持ってきてくれました。夏の終わりには、休暇でフィンランドを訪れていた彼の素敵な妻のユキさんとも会えました。

　ヒロキが私たちの家に引っ越してきてすぐに、彼がとてもフレンドリーで気さくな人であることがわかりました。彼は朝早く起きてバスで仕事に行っていましたが、夜は家で、日本とフィンランドのいろんなことを語り合いました。学校や教育、仕事や生活など、文化や伝統の似ている点や違う点について考えたり会話したりすることで、私たちはつながりを深め、彼は私たちの考え方に大きな影響を及ぼしました。私たちは彼にフィンランド料理を作り、彼はおいしいお好み焼きを用意してくれました。

　ヒロキはフィンランドで1年を過ごす間に、ヨーロッパのほとんどの国を訪れましたが、わが家に帰ってくるといつも、フィンランドが自分にとって一番の国だと言っていました。

　ヒロキのフィンランド語はとても上達して発音もすばらしく、私も時々、彼と簡単な日本語で話してみることで、お互いに教え合うことができました。

じゃあまた、ヒロキ！　これは最後のサヨナラではありません！

あっという間の1ヵ月で、ヒロキが家族の一員になったような気がしました。わが家の犬、ユッシもヒロキとよい友だちになりました。私たちは彼とたくさん笑い、物語や思い出を共有し、お互いから多くのことを学びました。

他の国に友人ができると、世界への理解が広がります。

　日本とフィンランドは地理的には離れていますが、価値観や性格など、とても多くの類似点があります。彼にさよならを言うのは悲しかったですが、いつか、彼の故郷の大阪で再会できることを楽しみにしています！

　フィンランド人と友だちになると、それは一生のものになるという言葉があります。ヒロキとユキ、私たちはそれを願っています！

娘マルタの卒業祝いパーティーにて

ユッシとも友だちに

2章

学び

学び

昨今日本では、キャリアブレイクや学び直し（アンラーン）の重要性が語られたり、社会人になってからも学び続けられる制度を整えている企業がでてきたりと、さまざまなアプローチで人々の学びに対する感度が高まりつつあるのではないかと感じています。

フィンランドでは、教育にほとんどお金がかからないということを背景に、いつでも学び直しができる制度が整っていたり、自分の学習の理解度をベースとして卒業のタイミングを選択できたりするなど、生涯を通じた個人の学びにフォーカスされています。また、図書館やコワーキングスペースが充実していて、人々の生活のすぐ近くに学びの場所が提供されているのも大きな特徴といえます。

そもそも私たちは生まれたときから今まで、さまざまなことを体験し、そこから多くを学んできたことは誰もが納得できると思います。それは、日常生活のなかでの学び、学校生活のなかでの学び、人間関係のなかでの学びと、本当に多岐にわたっているものです。2章では、「学び」について幅広くとらえ、さまざまな角度からお話ししていきます。

1 ホストマザー アイラからの学び

人生とは学び

楽しみながら学び続ける姿

フィンランドでの私の学びを語るうえで、欠かすことのできない方がいます。8ヵ月にわたりホストマザーをしてくださったアイラです。今は定年退職後の生活を楽しんでいる彼女ですが、長きにわたり教師として、学校現場においてプロフェッショナルとして活躍してきました。フィンランドがかつて世界の学力調査で世界1位を取ったときに、第一線の現場で教壇に立っていたということです。

そんな彼女とディナーの際に繰り広げられる教育についてのディスカッションは、私にとって本当に貴重な時間でした。教育学者のデューイやペスタロッチの名前がさらりと話題に登場するあたりに、彼女の教育に対する知見の深さが垣間見えました。

さらに、彼女がこれまでの人生を通して学んできたこと、多岐にわたる経験、そして彼女自身の生き方・あり方からさまざまなことを学びました。まさに人生において「学ぶ」とは何なのかを体現するかのような、彼女自身が学んでいる姿から大きな刺激を日々受けました。

彼女は母語であるフィンランド語以外にも、英語、スウェーデン語、ドイツ語を流暢に話すことができます。さらに新しい言語習得に向けてフランス語や日本語のレッスンにも通っていました。ほかにも、お隣に住むドイツ人のご婦人に誘われて月に一度ドイツ語の本について語るブッククラブにも参加していました。また、休日には分厚い哲学の本を相方に、ご自身の研究課題を地道に進めていき、新しい真理に気づいたときには嬉しそうにその内容について話してくれました。

そのように、学び続けることを楽しみながら実現している彼女が、ふと私に語りかけてくれたことがありました。「ヒロキ、人生とは学びよ、いつの時も」と。飾られた言葉ではなく、ごく自然な、そしてご自身のいつもの姿をただ言語化したかのような言葉でしたが、彼女から伝えられたからこそ、血の通った言葉となり、私の心にしっかりと刺さったのです。

「あなたの人生のビジョンは？」

彼女と生活を始めて2ヵ月が経ったある日曜日、早めのディナーに2人でワインを楽しんでいたときのことです。楽しい会話にワインも進み、この日は彼女が教師になった理由、ご自身のこれまでの経歴、どんな思いで仕事をしていたかなどをたくさん聞かせてもらいました。

続いて私がこれまでの自分の経歴や、教員時代の話をし、フィンランドに来た理由などを話しました。すると彼女が「あなたの人生のビジョンは何なの？」と問いかけてきました。この問いに、私はすんなりと答えることができませんでした。なぜなら、その頃は何か次なる目標をもってフィンランドに来たというよりは、とにかくフィンランドの学校現場で働いて学びたいという気持ちでいたので、将来の展望をほとんど考えていなかったからです。彼女は続けて言いました。「人生のビジョンをもつことはとても大切よ。それがすべてと言ってもいいくらい。今はなくてもいいけど帰国するまでに見つかるといいね」と。

人生に大きな影響を与えたアイラとの日々

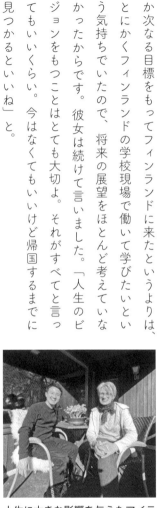

何かを強制するわけでもなく、人生で大切なことをそっとそばに置いてくれるような、そんな彼女との日々を過ごしていきました。

人生の歩みを進める

人生の出来事を受け入れ、前へ進む姿に学ぶ

アイラとは、2023年1～5月と10月から2024年1月までの合計8ヵ月間を一緒に過ごしました。なぜ、途中4ヵ月の空きがあるのかというと、その期間に、彼女が家族と長い時間を過ごした思い出のある家を手放し、新しいアパートに引っ越すという出来事があったからです。かつてはこの大きな家に旦那さんと子ども2人の4人で暮らしていましたが、旦那さんはご病気で他界され、子どもたちはそれぞれ巣立っていき、彼女一人で暮らしていました。34年間家族と過ごしたたくさんの思い出がある家を手放すことは容易ではありません。それでも悩みに悩んだ末に、彼女は次の一歩を踏み出す決断を下しました。そしてそんななかで、私のホームステイを受け入れてくれたのです。

この家での最後のディナーで彼女は「人生は何があるかわからない。けれどそれを受け

入れていきながら生きていくものよ。この家での思い出の最後のページに、あなたと過ごした時間が刻まれたことを本当に嬉しく思うよ」と優しく話してくれました。このように気丈に振る舞っていた彼女でしたが、私の目には寂しさを隠し切れないように映っていました。

それから1ヵ月にわたる引っ越し作業を進めるなかで、彼女はゆっくりと現実を受け止め、自分の選択を間違いのないものにするように心の整理も行っていきました。そして、引っ越し作業を終えたあと、彼女は「寂しい気持ちも時間が癒やしてくれるわ。私は新しいアパートに引っ越し、かつての私の家は新しいオーナーに渡される。そしてまた新しい時代が始まるのよ」と、すべてが吹っ切れたかのように満面の笑みで伝えてくれました。

寂しさを乗り越え、それでも前を向き、歩みを進めていく彼女の姿は、流れゆく人生のなかではいろんなことが起こるけれど、それを受け入れ、次なる未来のために踏み出していくことの大切さを教えてくれたように思います。彼女の人生において、本当に大きな出来事に直面したタイミングであり、そこでのあり方に私は大きな学びを得たのでした。

2 フィンランド語を学ぶ

フィンランド語と私

学ぶのがむずかしいフィンランド語

みなさんは、フィンランドの公用語をご存じでしょうか？　フィンランドではフィンランド語とスウェーデン語が公用語であり、ヘルシンキ市内の交通標識や映画の字幕などは、その両方が併記されていることがほとんどです。大多数の方がフィンランド語を使っていますが、エリアによってはスウェーデン語を話す人が多い場所もあります。

英語を話せる人が多いのも特徴です。もしあなたが英語を話せるのであれば、観光でフィンランドを訪れた際に現地の方と話すのに苦労することはほとんどないでしょう。それほどまでに、英語を流暢に、しかもわかりやすく話してくれる方が多いです（英語を話せる人が多い理由は、改めてお話しします）。

フィンランド語は世界でも有数の習得がむずかしい言語のひとつと言われています。その理由として、言語系統がウラル語族に属していて英語や日本語とは異なる点や、格や活用が多く文法が非常に複雑であることなどがあげられます。

私個人の感想として、発音は日本語に近いように感じていました。フィンランド人の友人から「きれいな発音だね」と言われることも多く、逆にフィンランド人が話す日本語の発音もとてもきれいで何度も驚かされました。ほかにも、ローマ字が用いられていることや（äやöという文字も使われますが）、読み方はそのままアルファベット読みをすればよいという特徴があります。たとえば、美しいを意味する「kaunis」は「カウニス」と読みます。

うまく話せなくても、話そうとする姿勢が大事

私がフィンランドを訪れたときに覚えていた単語は、「Moi（こんにちは）」「Moi moi（バイバイ）」「Kiitos（ありがとう）」「Kippis（乾杯）」「Sauna（サウナ）」の5つだけでした。フィンランド人は英語でコミュニケーションが取れることを知っていたので、言語は英語だけ準備しておけば大丈夫だと考えていました。

しかし、フィンランドで過ごすうちに、私の考えは大きく変わっていきました。「なぜ自分はフィンランドで生活しているのに、その国の言葉を使おうとしないのか？　このままでいいのか？　むずかしいからといって努力もせずに楽なほうを選択していいのか？」そんなことを自問する日々を過ごすうちに、フィンランドにおいて、第一言語ではない英語でコミュニケーションをとるよりも、フィンランド人と話すときは、フィンランド語を使うことが相手へのリスペクトにつながるのではないか、そしてうまく話せなくともフィンランド語を話そうとする姿勢こそがコミュニケーションにおいて最も大事なことなのではないかと考えるようになっていきました。

フィンランド語のスクールでの学び

そんな思いを胸に過ごしていたある日、アイラが「フィンランドには移民向けのフィンランド語講座があって、仕事が終わってからの時間帯でスクールに通うことができるよ。これがそのパンフレットなんだけど、よかったら明日にでも説明を聞いてきたらどう？」と提案してくれました。

さまざまな背景の人と共に学ぶ

そのスクールは、1ヵ月週3回、16時30分から20時15分までの授業があり、授業料と教科書代を合わせて2万円ほどで受講することができます。早速次の日に申し込みを済ませ、5月からフィンランド語のスクールに通いました。結局1年間で3期にわたってコースを受講し、講座レベル3までマスターしました。

このスクールでは、フィンランド語の習得はもちろん、世代も国籍も立場も違う方々と一緒に受講するなかで、たくさんのことを学びました。共に学んだ仲間は、20代から70代と年齢層が広く、大学を卒業して留学生としてやってきたスウェーデン人や、新しいビジネスを展開するためにやってきたアメリカ人やインド人、結婚を機にやってきたオーストラリア人や中国人、国の情勢の影響を受けてやってきたロシア人やソマリア人などさまざまな背景をもっていました。

フィンランド語を習得する目的はさまざまで、私のようにフィンランド人と良好な関係を築くために学びたいと思っている人もいれば、フィンランド語を習得しなければこの国で仕事に就くことができない、つまりは生きていくことができないからという理由で学んでいる人もいました。彼らからは、まさに生きていくために必要だから学んでいるという気迫と、学びへのモチベーションの高さに大きな刺激を受けました。スクールに通っていた方々はみな目的は違えど、高いモチベーションで学びに向き合っていて、切磋琢磨することができました。

学び方の違いに学ぶ

多国籍の人々と共に学ぶなかで、それまで経験したことのないこともたくさん起こりました。たとえば、学びへのモチベーションが高すぎるがゆえに、先生が質問する前に食い気味で答えを言ってしまう方や、ほかの人が指名されているのに回答を奪うかのように答えてしまう方がいました。フィンランド人の先生も困惑した様子を見せながら注意をし、そのときは「Sorry」と申し訳なさそうに言うものの、15分もすればまた同じことが繰り広げられるのでした。その方たちの特性によるものかもしれませんが、日本ではなかなか経験することのなかった状況に、初めは少しストレスを感じながら学んでいました。しかし、その状況に慣れてくると、自分のこれまでを見返す機会に変わっていったのです。

日本では、自分が質問の答えをわかっていても、ほかの人が指名されているときは自分の発言は控えることや、先生の説明は最後まで聞くということは、みな当たり前のようにしていました。これはある種、授業でのお作法のようなものであり、みなが共通認識をもって振る舞っていたということに、そのとき気づくことができました。そして一人ひとりのその自然な振る舞いが、安心感を生み、快適な学びの環境につながっていたのだと捉えるようになっていきました。「彼らのこうした態度のせいで自分が学ぶことができなかった」と言い訳することだけはしたくなかったので、心を強くもち、いかなる状況であっても自分の学びに集中し、最善を尽くそうと考えるようになりました。

異国の地での、多種多様な背景をもつ仲間との学び方の違いが、自分にとって居心地の悪さを感じさせながらも、それに影響されることなく自分の学びを得ていく、言い換えると自分の学びを勝ち取っていくことの大切さも同時に学ぶことになったのでした。ちなみに、けっして彼らと仲が悪かったわけではなく、休み時間は談笑し、良好な関係を築いていました。ただただ、学びのスタイルが互いに異なっていたというだけなのです。

フィンランド語を（少し）習得した先に

フィンランドの学校は、6月上旬から8月上旬までは夏休みで、夏休みが明けたら新年度がスタートするというシステムになっています。ちょうど私は、5月と6月にフィンランド語スクールに通っていたため、ヘルシンキ国際高校の先生や生徒と長期的に会わないタイミングでフィンランド語を勉強していたことになります。

フィンランド語を学んだことで深まった先生方との関係

夏休みが明けて迎えた初日の職員会議では、全員が自己紹介する機会がありました。順番が回ってきて、私は先生方の前に立ち、ここぞとばかりに覚えたてのフィンランド語で自己紹介をしました。先生方は、もちろん私が英語で自己紹介すると思っていたため、驚きの表情とともに、「夏休みにフィンランド語を勉強してきたんだね」と言わんばかりの満面の笑顔と温かい拍手で受け止めてくれました。それ以降、先生方は日々簡単なフィンランド語で話しかけてくれるようになり、私も以前よりは文法も単語もわかるようになっていたので、積極的にフィンランド語でコミュニケーションを取るようになりました。

この日を境に変わっていったことはほかにもあります。以前はランチタイムや飲み会の際は、私がいる場では気を遣って英語で話をしてくれていたのですが、フィンランド語で話を続けるようになっていきました。些細なことではありますが、フィンランド語を学んだことで、より深い関係を築けていけたと思っています。もちろん、そんなにすぐに話しているこ とをすべて理解できるレベルになるわけではありませんので、私の表情を見て理解していなさそうなときは英語で説明してくれるときもたくさんありましたが。

生徒との会話を通して互いをより知るきっかけに

生徒たちとの関わりも大きく変わっていきました。英語で話しかけるときと、フィンランド語で話しかけるときでは肌感覚で違いがあり、フィンランド語で話しかけたほうが、会話に温かみが出るように感じました。前日に勉強したフィンランド語の内容を覚えておき、意識してそれを会話のなかで使うようにしていました。これはかなり効果的で、間違っているとすぐに修正してもらえるので、記憶にも残りやすく、楽しみながら学んでいくことができました。

また、このような日常に慣れてきた頃には、ちょっぴりスパイスを加えて会話を膨らませるために、正しい言葉をわかっていながらわざと間違えて使うようなこともしていました（ちょっとズルいですが（笑））。そうすることで、ただ会話が流れるのではなく、レッスンの要素を加えることができます。正しい答えを教えてもらえることで、生徒に感謝することができますし、生徒も感謝されることでますます関係性がよくなっていきました。

さらに、会話のなかで教えてもらったフィンランド語を日本語に訳し、彼らに日本語を教える機会にもしていました。こうすることで、互いの言語や文化に触れることができ、お互いをより知るきっかけとなっていったのです。

フィンランド語を習い、学習を進めたおかげで少し自信をもつことができ、先生や生徒と絆を深めていく第一歩となりました。

学びへのモチベーションを高めるもの

1年間進めてきたフィンランド語の学びですが、同僚や生徒をはじめとするフィンランドの人々にリスペクトを示し、良好な関係を築くためという部分は非常に大きいものがありました。そして、それにもまして私のフィンランド語の勉強に対する高いモチベーションを与えてくれたのは、ほかでもないアイラの存在であったことは間違いありません。

それは、子どもが親や先生に認められたいと思う気持ちに近いものであり、さらには話せるように成長していくことで喜ぶ顔が見られるのではないか、そしてその喜ぶ顔が見たい！ というのが一番の学びへのモチベーションでした。「人生とは勉強だ」という言葉や、彼女自身が学んでいる姿から大きな影響を受け、新しいことを学び始めることができたことへの感謝の思いは尽きることがありません。

昨今、日本の教育界では「学びに向かう力」を子どもたちにどのように育んでいくのかと議論がなされていますが、その答えは案外シンプルなものなのかもしれません。

何かを学び始めることや、学び続けるモチベーションは人によってさまざまですが、自分の大切な人と心を通わせたいと思う気持ちや、自分の人生をよりいっそう豊かにしていきたいという思い、もっともっと成長した自分を見てみたいという欲求、これらが原動力になるのではないかと思います。

フィンランドに来て素敵なご縁に恵まれ、改めて自分自身も学び続ける人でありたいと思うようになりました。そんな私に多大なる影響を与えることとなった彼女が初めて購入した日本の書籍の名は『ICHIGO ICHIE』でした。その意味を尋ねられ、私は「今の私たちの関係だよ。この出会いのことを表現しているよ」と答えました。

本当の意味で生涯の教育者であり、学び続ける彼女との出会いは、私がフィンランドに来たことに大きな意味を与えてくれました。成長した姿を見せたいと思える第二の母がフィンランドにできたことを、心から幸せに思います。

3 ヘルシンキ国際高校での学び

学びの環境

環境が学びに与える影響

ここからは、私が勤めていたヘルシンキ国際高校を舞台に話を進めていきます。

2023年はヘルシンキ国際高校にとって歴史的な1年でした。6月の修了式を最後に旧校舎に別れを告げ、8月から新校舎へと引っ越しが行われました。私は運よく、両方の校舎での学校生活を経験する機会にめぐまれ、新校舎が生徒たちにとってより効果的な学習環境を提供するのを目の当たりにできました。アシスタントティーチャーである私にとっても、新校舎は旧校舎に比べて非常に働きやすい環境でした。

旧校舎は教室の廊下側に窓がなく、廊下から教室の中の様子を見ることができず、さらにドアには鍵がかかっていて中に入ることもはばかられる状況でした。いわば閉鎖的な学習環境で授業が行われていました。

一方、新校舎ではすべての教室を廊下から見ることができ、非常に開放的な教室へと生まれ変わりました。もちろん時として、教室の中から外の様子が見えるのは集中力の妨げにつながるケースもあるので、そのときはカーテンが使われるなどの工夫がされています。すべての教室には、プロジェクターと電子黒板が設置されており、ICT環境も充実しています。すべての先生がスライドや動画を使って授業を行っていて、ICT環境はなくてはならないものとなっています。

学びやすい環境を自分で選べる

また、日本の教室との大きな違いとして、それぞれの教室のサイズが異なっていることと、教室に置かれている机や椅子の形が異なっていることがあります。ソファが設置されている教室や、絨毯が敷かれている教室もあります。さらには、カーテンで区切ることができるスペースも準備されていて、集中して作業を行いたい場合やペアワーク、抜き出しでのテストを行うときなどに活用されています。
廊下にも机や椅子が置かれています。先生によっては、グループワークの際にその場所を使うことを許可している場合もあります。生徒たちが、自分が最も学びやすい環境で学ぶことができるように配慮されているといえます。休み時間は、そのスペースが生徒たちの談笑や休憩場所として活用されています。

ホームルームは、週に1度ランチタイム中に設けられていて、担任の先生からの連絡を受けることになっています。基本的に毎日ホームルームがあるわけではなく、授業があるときに授業の教室に行き、終わったら帰宅するという形で生徒たちは過ごしています。また、授業は自分で履修登録を行い、必修科目などに合わせて授業を選択して履修します。これは、日本では大学の授業のイメージに近いと思います。

授業の様子

ほかにも、入口を入ってすぐに、階段上になっているリラックススペースが設けられていて、寝転んだり、談笑したり、動画視聴を楽しんだりと思い思いの過ごし方に活用されています。ゲームが設置されているプレイルームや筋トレスペース、ビリヤード台や卓球台などもあり、学びの環境と息抜きの環境が絶妙にミックスされているのも特徴的です。

職員室の環境

続いて、職員室をご紹介します。おそらく多くの日本の学校の職員室は、グレーの机が置かれていて、学年ごとに島が形成されているのではないでしょうか。教科書や資料が山積みの先生の向かいに座ると全く顔が見えないことや、回収した生徒のノートが雪崩のように隣の机に崩れていく、そのような光景が想像されます。最近では、自分の座席が決まっていないフリーアドレス制を取り入れる学校も出てきているようですが、まだまだそれは稀なケースではないかと思います。

それぞれが望む過ごし方をリスペクト

フィンランドでは、フリーアドレスの職員室が多く、自分の荷物はロッカーに片付け、必要なときに持ち運んで作業をするというのが一般的です。ヘルシンキ国際高校もフリーアドレスの職員室で、基本的にどこに座って仕事をしてもよいとされています。

新校舎に移転し、職員室の環境はさらに快適なものになりました。たとえば、集中して作業に取り組みたい人が使用する部屋（サイレントルーム）や、同僚との談笑を楽しめるスペース、食事が可能なスペース、ソファでリラックスすることができるスペースと、用途によって過ごす場所を選択することが可能となっています。それぞれが望む過ごし方がリスペクトされる環境が整っています。

それぞれが過ごしやすい環境に

ICTの活用で環境を整える

ある日ふと、コーヒーを飲みながら職員室で過ごしていたときに、日本の職員室との決定的な違いに気づきました。それは、私が日本での教員時代に非常に不快に感じていた「あるもの」がないことです。それは「電話」です。集中して作業をしているときに、それを遮るかのように鳴り響くあの悪魔のような電話。同僚が保護者に電話連絡をしているときには、もちろん横で談笑することさえ許されなかったあの電話。それが、職員室に置かれていないのです。置かれていないので当然、リラックスしている空気が着信音で壊されることもなければ、集中を妨げられることもありません。スマートフォンで電話をしたい場合は、職員室に設置されている防音室で電話をするルールになっています。

保護者や生徒たちとの連絡手段としては、Wilma《ヴィルマ》と呼ばれる校務教育情報システムを活用しています。これは、スマホのアプリやパソコンで使用することができ、出席情報や課題の提出、個人連絡、メールのやり取りなどすべてこのシステム内で行われています。

このようにICTを上手に活用することによって、職員室に電話を置く必要がない環境をつくり出しているのです。日本の職員室からいきなり電話をなくすとなるとむずかしい部分も多いとは思いますが、環境を整えればこのようなことも可能であるというヒントにしてもらえればと思います。

教師の働く環境

勤務時間は短い一方で持ち帰り仕事も

同僚の先生と談笑するときによく、日本で教員をしていたときの働き方が話題にあがります。「朝は6時に家を出て、だいたい21時くらいに帰宅していたよ。そして土日も部活動があって、ほぼ休みなく働いていたよ。夏休みは多くても10日くらいで、研修会とか会議などがたくさん入っていたよ」と私が話すと、ほぼすべての先生が「それはあり得ない。考えられないよ」という返事を返してきました。

フィンランドでは、基本的に自分の授業が始まるタイミングに合わせて出勤し、自分の授業が終われば帰宅するという働き方です。ですから、だいたい15時30分を過ぎると、8割以上の先生は帰路についているということになります。さらに、夏休みは6月上旬〜8月上旬の2ヵ月間が保証されていて、基本的にその期間に出勤することはなく、家族とサマーコテージでゆっくり過ごしたり、国外旅行に出かけたりして過ごしています。

これだけを聞くと、フィンランドの先生は全然働いていないように思われるかもしれませんが、それは誤解です。確かに日本に比べると勤務時間が短いことや、長い夏休みがあることは事実ですが、働いていないわけではありません。むしろ、持ち帰り仕事もたくさんしていますし、夜遅くまで家で授業準備に追われているということも事実としてありますす。私がフィンランドに来る前に、「フィンランドの先生は早く仕事を終えて自分の時間を過ごしていていいな〜」とぼんやり思っていたことと、現実は少し違っていました。フィンランドの先生=楽な仕事ではけっしてありません。

仕事は人生を豊かにする手段の一つ

ただ、こうして学校の内部の人間となり一緒に働いているうちに、先生方が大切にしているマインドについて感じられるようになってきました。それは、多くの先生が「仕事は人生を豊かにするための手段の一つにしか過ぎず、仕事のために自分の人生を捧げるということはない」ということです。

金曜日は朝からみんな嬉しそうにハイテンションで談笑し、授業が終わると早々と「よき週末を！」と言って笑顔で学校を後にします。週末や夏休みは家族や恋人とリラックスして過ごし、しっかりと心の充電をして学校に出勤するのです。

私が驚いたのは、メンタル不調を理由に数ヵ月仕事を休むことになった先生が、休みに入る直前に全体メールで、「今私はしっかりと休養を取る必要があります。また秋に戻りますのでそのときまでよろしくお願いします。また秋に会いましょう♡」と連絡していたことです。

このように、一人ひとりが豊かな人生を送ることが第一に考えられ、認め合っているからこその心の余裕なのではないかと思います。また、その心の余裕が、プロフェッショナルとしてのハイパフォーマンスにつながるという、好循環を生んでいるのではないかと推測していています。教師である前に、一人の人として大切にされていることが、職場環境や働き方に反映されているのではないかと感じています。日本の学校現場と同様、けっして楽ではない教師の仕事であっても、どちらが人として大切にされているかを考えたときに答えは明白ではないでしょうか。

ある先生に、「なんでフィンランドの先生はこんなにも優しくしてくれるのですか？」と尋ねたことがあります。すると、気取ることもおどけることもせず、「自分たちが幸せだからだよ」と答えてくれました。自分自身が大切にされているからこそ、そして自分自身が幸せだからこそ、人を大切にできるというのは、フィンランドで最も感じたことのうちの一つです。まず人として大切にされるといったところから、フィンランドの幸せの連鎖が始まっているのではないかと思います。

ラウラ先生の仕掛けと魅力

「フィンランドではどのような授業が行われているのですか？」この質問に関しては、たくさんの方が興味をお持ちなのではないでしょうか。日本の学校現場でも、授業の方法は学校によって、また先生によっても異なります。それと同様に、フィンランドでどのような授業が行われているかを説明するのは簡単なことではないことをまずご理解いただきたいです。そのうえで、ヘルシンキ国際高校で生物や地学を教えているラウラ先生の授業をピックアップしてお伝えしたいと思います。

生徒のモチベーションを沸き立たせる仕掛け

2023年の新学期から転勤してきた彼女は、その立ち振る舞いや表情から、教師としてただならぬ魅力を感じさせる先生でした。ある日、授業の空き時間に校内を巡回していると、生徒たちが生き生きと楽しそうに授業に取り組んでいる姿を目撃しました。それが、私が最初に見たラウラ先生の授業風景です。

そのとき行われていた生物の授業は、DNAの二重らせん構造のモデルを、お菓子の「グミ」でつくるというものでした。テーブルの上に置かれた4種類のグミを使って、A（アデニン）、T（チミン）、G（グアニン）、C（シトシン）というDNAを構成する塩基を表現していました。さらに、らせん構造を、はしご状にくっつけたグミをねじることで表現し、まさに立体的にDNAをつくっていくのでした。

視覚的にも感覚的にもわかりやすく、それ以上に「なんて子どもたちの心を魅了するしかけなのだろう」と衝撃を受けたのを今でも覚えています。もちろん、使ったグミは食べることもできて、学び終えた生徒たちがグミを嬉しそうに食べている姿も非常に微笑ましかったです。生徒たちが「今日は何をするの？　おもしろそうだな！　学んでみたいな！」と思える、モチベーションを沸き立たせることの重要さを、授業後に彼女は語ってくれました。

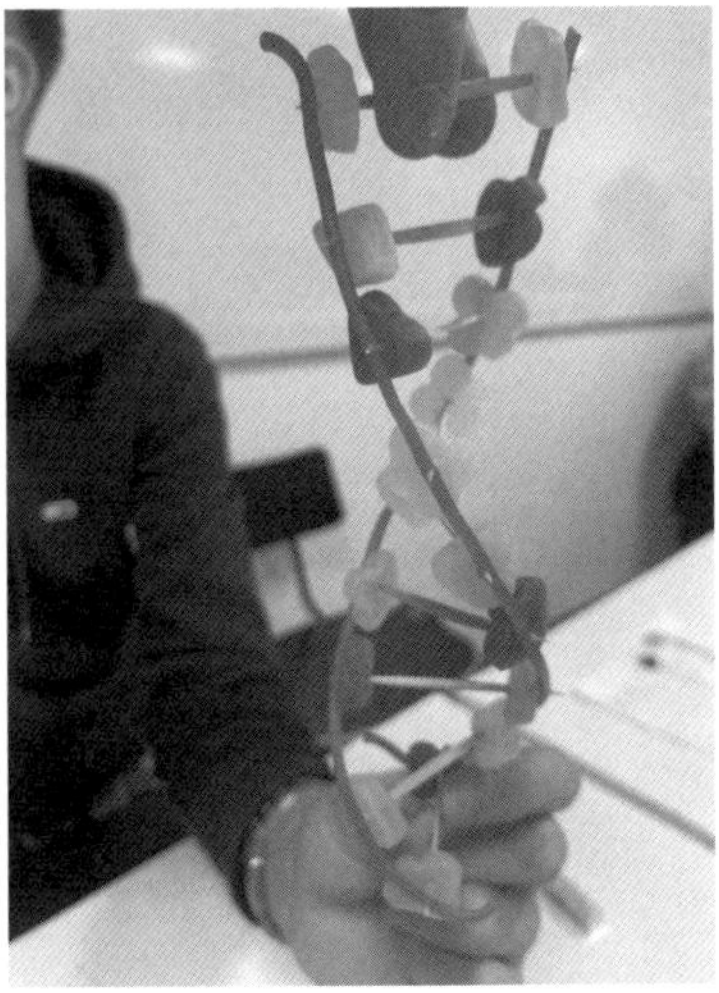

グミを使ったDNAの二重らせん構造の模型

　一見すると何の授業をしているかわからないところにこそ、心惹かれる仕掛けがあることを改めて学ぶ瞬間となりました。実際、このときの写真をInstagramのストーリーにあげ、何の授業かを4択のクイズ形式で投稿してみたところ、正解を選べた方はわずか1人で、30人以上の友人が、家庭科や図工、数学などと回答していたことも非常に興味深かったです。

そんな魅力的な仕掛けを繰り出す彼女の授業をもっと見てみたい、そして彼女の教師としてのすばらしさの秘密を探ってみたいと思っていた矢先に、彼女のほうから「よかったら今学期、しばらく生物と地学の授業に入ってもらえない？ 今度は生徒数が30人を超えるから、一人ではとうてい見きれないの。一緒に授業ができたら私もすごく助かるわ」と声をかけてもらえました。私にとっては、願ったり叶ったりの状況に心躍らせていると、彼女は続けて、「あなたを先生として信頼しているよ。だからアシスタントティーチャーと思わず、どんどん積極的に子どもたちに教えてあげてね」という言葉まで投げかけてくれたのです。こうして、私は子どもたちに教えることはもちろん、教師としての彼女の魅力を一番近くで感じる機会を得ることができました。

授業づくりで大切にしている3つのこと

彼女の授業に毎日のように入らせてもらっているうちに、授業づくりで大切にしている教育観が気になり、彼女に直接、授業づくりにおいて何を大切にしているかを聞いたところ、主に3つのことを教えてくれました。

1つ目は、生徒一人ひとりが安心して教室に来ることができるように「心身ともに安全なクラス環境をつくること」です。まさにその彼女の思いは、初回の授業開きから大いに表現されていました。授業開きでは、まず初めに、授業計画・評価、授業におけるルールなどを共有します。その後、Googleフォームを用いて、セルフ・アセスメントが行われました。内容は、「生物が好きか」「どのレベルまで生物を理解しているか」だけにとどまらず、「どのような学び方が、自分にとって最も学びやすい方法か」「学ぶうえでの配慮事項はあるか（たとえば文字の読み書きに困難〈ディスレクシア〉がある、人前での発表が苦手であるなど）」、さらにはグループをつくる際に参考にするために「この授業のクラスに友人はいるか。またそれは誰であるか」など多岐にわたっていました。

また、学期中にテストを何回実施するかについて、生徒たちの意見を取り入れながら合意形成を図り、回数を決定していました。こうした生徒ファーストの姿勢や、生徒理解に努めようとする姿こそが、生徒にとって安心・安全な環境をつくっているのだと確信しました。

2つ目は、「さまざまな学習スタイルを提供すること」です。生徒が一つの活動に集中できるのは「最大でも20分」と考えているようで、たとえば75分の授業があるとすれば、まず教師である彼女が学習内容を説明し、次に生徒が課題に取り組み、最後にビデオを見て復習する、といった流れをベースに行っています。こうすることで、生徒の集中力の持続に合わせて活動内容を変えるという工夫がなされています。

また、生徒が課題に取り組むときは、教室内だけでなく廊下のオープンスペースを使うことも可能にしているため、その時間になると、教室の扉が開かれます。そういった彼女ならではのさまざまな学び方を提供する姿が、生徒たちの充実した学びにつながっているのです。

3つ目は、「生徒が授業で学んだトピックを日常生活に結びつけること」です。むずかしい概念であっても、感覚的に理解しやすくなるように心がけています。

たとえば、湖に魚が何匹いるかを推測する計算式を学ぶ場面では、コーンパスタを魚に見立てて、実際に印をつけたコーンパスタの数や総数を数えながら、計算式に当てはめていました。理解するのがむずかしい計算であっても、実際にモデルを使って手を動かすことで、感覚的に捉えられるような工夫がなされているのです。

さらに、地球年表について学ぶ場面では、トイレットペーパーを用いて46億年を表現するという工夫がありました。トイレットペーパーの1ブロックを1億年と考えて、地球が誕生してから哺乳類が誕生するまでの間隔を視覚的に捉えられるようにしていました。

一見すると、生徒の日常とのつながりが見えにくい学習内容も、コーンパスタやトイレットペーパーを使うことで、自然と生徒たちは学習内容に興味をもち、むずかしい内容も積極的に学ぼうとする姿勢に変容していく姿を、学期中に何度も見ることができました。

トイレットペーパーを使って地球年表作成を説明するラウラ先生

ラウラ先生の教育観をつくったもの

ここで紹介した内容は、彼女が日々行っている授業実践の一例に過ぎないですが、毎回の授業の至るところに、彼女が大切にしている教育観が宿され、体現されています。それは、生徒たちにとって安心・安全な学習環境をつくり、最適な学びの環境を創り出し、サポートしていくことです。そして、「学びは我が事」と表現されるように、最終的には自分自身が意欲をもって学んでいくしかない現実をふまえて、彼らの学びの心に火をつけていきます。まさに彼女は生徒たちを「その気にさせる」ことに秀でているといえます。

異国の地での学びからの影響

ところで、彼女が今の考え方に至るまでには、大きな影響を与えた1年があったそうです。それは、フィンランドの学校での勤務を一区切りし、1年間、ベトナムのホーチミン市にある「ベトナム・フィンランドインターナショナルスクール（VFIS）」で勤務していたときのことです。

そこでは、生物と地学の先生であると同時に、現地の先生たちのメンターティーチャーとしての役割も担っていました。メンターティーチャーの主なミッションは、ベトナムの先生たちにフィンランドの教育システムを教え、フィンランドの教育方法を授業や評価、教育観にどのように取り入れるかを教えることです。

「文化や歴史、言語の違いが、教育のあり方や教師同士の協力のあり方にどのような影響を与えるかについて、貴重な知識と経験を得ることができました。私たちフィンランド人とベトナム人の教師は、物事の見方が異なることが多く、どうすれば生徒を含め、みんなに利益をもたらす結果を出せるか、考えさせられる場面がたくさんありました」と、当時を振り返って語ってくれました。

遠く離れた異国の地で学び、改めて教育や教員間の協力について考える機会を得たことが、彼女の教育観に大きな影響を与えたということです。その自身の経験を母国に還元する彼女の姿勢は、フィンランドで学び、日本に帰国する私と重なる部分も大きく、当時の自分を見つめ直す機会を与えてくれたことはいうまでもありません。

ラウラ先生のプロフェッショナリズム

フィンランドの教員養成は国際的に高い評価を受けています。その特徴として、教員養成プログラムが修士課程を含んでいて教育学、教育心理学、専門教科の教育法などを包括的に学んでいる点があげられます。また、実践重視のトレーニングにも力を入れていて、実際の学校やクラスでの経験を通して、教育の実践的な側面も理解したうえで学校現場で働くという流れになっています。

こうした背景から、ヘルシンキ国際高校も例にもれず、ラウラ先生に限らずすばらしい先生がたくさんいます。それぞれの先生が自己に与えられた授業の裁量権のもと、工夫を凝らした授業を行っていました。ただ、そんななかでもラウラ先生は群を抜いて、「特別」と感じざるを得ないのもまた事実でした。

専門性への自信、日々の自己研鑽

私は、彼女のその魅力は「プロフェッショナル」という言葉で表現するのが適切であると考えています。まず、教科の専門性に確固たる自信をもっていることが、日々の授業からうかがえました。「教員養成の大学時代に、すべての単元の授業プラン（アイデア）を考えていて、複数回にわたる長期的な教育実習でトレーニングを積んできました」と、おごるわけでもなく、力強く話してくれました。

さらに教師になってからも、自分自身で教科の研究に励み、フィンランドの先生たちで構成されるFacebookグループで、日々共有される実践事例からヒントを得ることも欠かさず行っているといいます。すべては、生徒たちの学びの欲求にいかに火をつけるかという、モチベーターとしての役割を果たすためです。こうした日々の自己研鑽の結果が、魅力ある授業をつくる礎になっているのであると確信しました。

生徒たちを尊重し、最善の方法でサポートする

私はさらに彼女の根底にある教師としてのマインドについて尋ねてみました。すると、「フィンランドにおけるプロフェッショナリズムは、生徒との間に心身ともに安全な関係を築き、生徒に対する信頼を示す大人であることから始まります。確かに教師は権威のある存在ですが、生徒に比べて『格上』であってはならないのです。学習は、教師と生徒双方向のコミュニケーションと、協力の上に成り立つものであり、教師と生徒はチームとして協力すべきです。プロフェッショナリズムとは、生徒一人ひとりを個人として尊重し、その生徒にとって最善の方法でサポートしようとすることでもあると思っています」と話してくれました。

そして「ベトナムでは、教師はプロフェッショナルであるべきなのに、私たちはビジネスカジュアルの服装をすることを求められ、とても変だと感じていました。私は、プロフェッショナリズムと権威のレベルは服装などの見た目ではなく、どのように生徒たちと接するかによって決まるものだと思っています」とも語ってくれました。

ラウラ先生から学んだこと

「フィンランドだからすごい」のではない

彼女と4ヵ月間にわたって一緒に授業を行うなかで、本当にたくさんのことを学びました。おそらく彼女はフィンランドから遠く離れたベトナムの地でも、その魅力を存分に発揮してきたのだろうと思います。

それは、「フィンランド人」だからすばらしい教員であるというわけでも、「フィンランドという国の教育システムのなか」だから魅力的な実践ができているというわけでもなく、自分が置かれた場所で最善を尽くし、自己研鑽に励み続けていることの賜物であると感じています。だからこそ、きっと彼女はベトナムでも最高のパフォーマンスを発揮していたでしょうし、おそらく日本の学校現場で働いても、最善を尽くし、子どもたちの成長に貢献するであろうと思います。

私はフィンランド滞在中に、日本の教育関係者から「フィンランドの教育のすばらしいところ」や「フィンランドで行われている授業方法」などについての質問を数多く受けてきました。私はそうした質問に対し毎回、心のなかで「実際のところは、国というより人（教師）によるよな」とつぶやいていました。日本でもラウラ先生のようなマインドをもって実践している先生をたくさん知っています。教員時代の私も、そのうちの一人であったと自負しています。

ただ、日本のすべての先生がそうであるかといえば疑問符がつきます。フィンランドでもそれと同様のことがいえるのです。それなのに今回あえて、一人の先生にフォーカスをあててお伝えした本当の意図は、「日本だから」「フィンランドだから」と考えてほしくなかったからです。

最後に、彼女から日本の先生へのメッセージを伝えたいと思います。

「日本の教師一人ひとりが、生徒に多様な授業を提供できるようになり、さまざまな種類のアクティビティを通して、多様な学習者をサポートできることを願っています。教育は、生徒にとっても教師にとっても、ポジティブで楽しい経験であるべきです。教室でみんなが楽しんでいて、身体的にも精神的にも安全だと感じているとき――それこそが、生徒たちの学習が最高の状態にあるときなのです！」

4 フィンランドの生徒・教師にとっての学び

当事者たちはフィンランド教育をどう思っているのか

実際のところ、フィンランド教育について先生や生徒など当事者たちはどのように感じているのかは、非常に興味深いところだと思います。フィンランド人の友人と日常生活で話をしたなかで出てきたことをいくつかご紹介します。

先生が熱心、勉強は楽しい

まずは、大学生の友人に「フィンランド教育って世界1位と言われているけど、実際これまで教育を受けてきてどう思う?」と聞いてみました。すると「実際、どこかの国と比較したこともなければ、フィンランド以外の教育を受けたことがないので、わからない。ただ、出会ってきた先生はすごく熱心だったし、学校での勉強は楽しかった。たまにさぼっていたけど（笑）」と返してくれました。

確かに、改めて自分の国の教育について問われると、他国と比較したことがないのも理解できますし、当事者が客観的に見ることもないのだろうと思います。そのなかでも、先生に対するリスペクトがあり、勉強を楽しいと言えるところに、フィンランド教育の魅力が隠されているのではないかと感じました。

めぐまれた学習環境、でも勉強するかどうかは本人次第

ヘルシンキ国際高校のある生徒は、「フィンランドの教育は、学費が無料だったり、どれだけ遠くから通っても定期券代がすべて支給されたりして、学習環境も整っていると思います。そういうシステムにおいて、私たちはすごく恵まれていると思っています。ただ、勉強するかどうかは、その人次第で、めっちゃがんばっている子もいれば、全く勉強していない人もいます。最終的に自分の人生なので、自分の意思で自分の行動を決めることが大事だと思っています」と答えてくれました。

国として教育にお金をかけていることの恩恵に対する理解を示しつつ、結局やるかやらないかは自分次第という、まさに現役の高校生ならではの答えであると感じました。実際、

高校の授業でも、すべての生徒が授業に対して積極的なわけではありません。自分のために一生懸命学んでいる子たちがたくさんいる反面、スマホの画面とにらめっこしている生徒や、パソコンを開いてゲームを楽しんでいる生徒がいるのも事実です。もちろん、先生は気づいたら注意をしますが、この生徒が言うとおり、基本的に勉強は自分のためにするものというスタンスであることに違いありません。

続いて、ある先生はこのように答えてくれました。「勉強をするかどうかは、生徒の意思によるものが大きいです。生徒たちも自分の将来のために勉強しなければならないことは理解しているとは思います。それを行動に移すことができるかどうかなのです。ただ、新しい校舎に移転して、自分の学びに向き合う生徒たちは増えたように感じます。改めて、学習環境が生徒に与える大きさを認識する機会となっています」と、旧校舎と新校舎での生徒の学習への意欲を絡めながら答えてくれました。新校舎になり、学び方の選択肢が増えたことは間違いありませんし、落書きひとつない教室で学ぶことは、意欲の向上につながるのだと私も思います。

これらをふまえると、環境面やシステムが果たす役割は非常に大きい一方、最終的には自分自身がいかに学びに向き合うかが最も大切であるといえるのではないでしょうか。

フィンランド人の英語力の背景

主体的な先生による早期からの英語教育

フィンランド人は英語が話せる人が多いというのは前述しましたが、その理由について、英語教育や国の背景をふまえてお話しします。

フィンランドでは、2020年から小学校1年生で外国語が導入されました。外国語なので英語に限らず、スペイン語、ドイツ語などが開講されるケースもありますが、多くの生徒は英語を選択しています。

なお、2020年より前は、ナショナルコアカリキュラムでは外国語は小学校3年生からとされていましたが、多くの学校で1、2年生から外国語教育を実施するようになったため、現場の実情に合わせてナショナルコアカリキュラムが変更されました。このように、学校現場がまずやってみて、それを受けて国のカリキュラムが変わるということは、フィンランドではよくあることのようです。現場の先生が思考停止にならず、指示待ちになっていないことが強く感じられます。

そんな主体的な先生が行う授業が、子どもたちの外国語力の向上に大きな影響を与えているのはいうまでもありません。こうして、小学校の早い段階から外国語としての英語を学ぶ機会が提供されています。

楽しく豊かな生活を送るための必要性から

フィンランド人の友人は「学校教育で英語力が身についたことは間違いないが、それ以上に映画やゲームを楽しみたいというモチベーションが英語力を向上させたというのが実際のところ」と興味深い話をしてくれました。これには、フィンランドという国の特徴が大きくかかわっています。フィンランドの人口は約550万人で、世界的に見るとフィンランド語を話す人は非常に少なく、国内の市場規模も小さいといえます。そのような背景から、フィンランド語を用いてつくられる娯楽のコンテンツが必然的に少なくなってしまうのが現状です。子どもたちがゲームや映画を楽しむには、どうしても英語でつくられているものを利用するしかないということです。

これは、ゲームや映画などに限らず、テレビ番組もそうです。フィンランド語で放送されるものもありますが、音声は英語で字幕がフィンランド語というケースも少なくありません。つまり子どもたちは生活のなかで自然と英語に触れる機会が多くなり、自分が楽しく豊かな人生を送るためには英語が必要であるからこそ、自ら学んでいるといえます。

複数言語を話せるのが当たり前

さまざまな言語を学べるヘルシンキ国際高校

私が勤めたヘルシンキ国際高校は、フィンランド語ではHelsingin kielilukioと表現されます。Helsinginが「ヘルシンキの」を意味し、kieliは「言語」、lukioは「高校」を意味しています。つまり直訳すると、「ヘルシンキ言語学校」となります。直訳でもよいのですが、言語学校とすると言語の専門学校のような印象を与えてしまいかねないという理由で、日本向けには、ヘルシンキ国際高校という表現を使っています。フィンランドの学校はほとんどが公立であり、ヘルシンキ国際高校もヘルシンキ市が管理する学校です。

前述のとおり、高校の特色として言語に力を入れている学校ですので、フィンランド語、英語のほかにもスウェーデン語、ロシア語、アラビア語、日本語、韓国語など多岐にわたる授業があります。基本的に授業はフィンランド語ですが、一部の科目は英語で行われています。また、第二言語としてフィンランド語を学ぶ授業もあります。これは主に、フィンランド以外の国にルーツをもつ生徒のために開講されているものです。このように、さまざまな言語に触れることができるのも、ヘルシンキ国際高校の特徴といえます。

英語プラス他の言語も話せるのがスタンダード、一方日本は？

私が担当した日本語の授業で「履歴書をつくってみよう」という内容を扱ったときのことです。そのクラスは、全レベル8まである日本語の授業のうち、6までを履修し終えている生徒たちを対象としたものなので、ひらがな、カタカナはもちろんのこと、漢字も少しずつマスターしており、日本語の習得にも非常に意欲的です。

ひととおり履歴書についての説明を終え、みんなで一つずつ内容項目を埋めていきました。そして、「あなたの強み」の項目に来たとき、私が「みなさんはフィンランド語のほかに英語も話せるし、日本語も話せるから、そのことは書けますね」と言うと、ある生徒が「私は、フィンランド語、英語、日本語のほかに、スウェーデン語、スペイン語、ロシア語を話すことができます」と答えました。ほかの生徒に聞いたところ、これらの言語以外にもタイ語やアラビア語、韓国語を話せますと答えるのです。私は、心底驚きました。

この学校が言語に特化しているとはいえ、こんなにもサラリとさまざまな言語を話すことができるという答えが返ってくるとは思っていなかったからです。

日本では、英語が話せることがアドバンテージとして捉えられることが多いですし、3ヵ国語、4ヵ国語を話せるとなると、周りからは一目置かれることが多いです。日本は島国で他国の言語に触れる機会が少ないことや、市場規模もフィンランドに比べると大きいためさまざまなコンテンツを日本語で楽しめること、日本国内で雇用があるから英語が話せなくても大丈夫なことなど、「言語を話せなくても私たちには関係ない」ことへの複数の理由を並べることはできます。ただ、それが世界レベルで通用するかといわれると、むずかしいのではないかと思わざるを得ません。

英語はできて当然、そのうえで他の言語も話せますというのがスタンダード（気づかないうちにそうなっているのかもしれませんが）な環境で、今の私では世界基準に置いていかれてしまうという感情を抱きました。その頃の私はちょうど、ポーランド語を学び始めたところでもあったので、このエピソードを自分の学びのモチベーションに変換するとともに、少しオーバーかもしれませんが、国際社会における日本（日本人）の未来を危惧する機会ともなりました。

私たちが見たヒロキ～フィンランドからの証言～

バルッテリ (Valtteri)

●特別支援教育担当の先生
●プライベートでも共にマラソンやスキー、サウナを楽しむ仲に

私は2022年10月からヘルシンキ国際高校で働き始め、2023年の初めにヒロキが本校に来ました。そのおかげで、私はヒロキと1年間、この高校で一緒に過ごすことができました。ハーフマラソン、新校舎への移動、サウナなど、素敵な瞬間がたくさんありました。Tekluでの最初の1年をヒロキと共有できたことを感謝しています！

ヒロキと私が初めて会ったときのことを、今でもはっきりと覚えています。それは2023年の初めで、彼はフィンランドに到着したばかりでした。ヒロキは明るく笑顔が素敵な人で、親しみやすく、私たちはすぐに打ち解けて、高校教育のことからスポーツの話題まで、興味のあることなら何でも話すようになりました。朝のコーヒータイムは、情報交換の場となり、緊急のことから日常のことまで、いろんなことを話しました。最初は英語だけでしたが、ヒロキはすぐにフィンランド語を交えて話すようになりました。

ヒロキは、ヘルシンキ国際高校に着任したときから、わが校にとって大切な存在でした。授業や行事にはいつも積極的に参加し、自分の得意な分野を生徒や先生たちに教えていました。教室や廊下にヒロキがいると、いつも生徒が笑顔で集まってきていました。

ヒロキと私は、今のフィンランドと日本の教育の特徴について何度も話し合いました。最初は、類似点や違いを比べていましたが、次第にそれぞれの教育のよいところを互いにどう活かせるかを考えることが多くなりました。ヒロキが高校教育についての新しくすばらしい視点を提供してくれるたびに、最高の瞬間を味わうことができました。

もちろん、スノーボード、ヒルジャンプ、クライミングなどのスポーツについても話しました。日本は本当にすばらしいアスリートを輩出しています。ヒロキがバーで出会ったティーム・セラニとのツーショット写真を見せてくれたときの興奮は、今でも忘れられません！（フィンランド人で彼を知らない人はいないほど、有名なアイスホッケー界のレジェンド）

音楽の話も楽しく、一緒にフィンランドと日本のアーティストの曲を聴い

て、日本のアーティストについて新しい情報をたくさんもらえました。

ヒロキとの一番の思い出は、やっぱりサウナとスポーツに関するものです。ヒロキほどサウナに情熱を注ぐ人は、フィンランド人でもほとんど見たことがありません。この1年、私たちは同僚の家のサウナからヴァンターのクーシャルヴィにあるスモークサウナまで、さまざまな場所でサウナに入りました(クーシャルヴィは、フィンランド南部にある最高のスモークサウナの1つです)。さらに、春には一緒にハーフマラソンを走り、2024年の初めには一緒にスキーに行き、ビーチバレーを楽しみました。

1年を通じて、さまざまなパーティーやイベントが行われました。ヘルシンキ国際高校では、たとえば、休暇前の春のパーティーやクリスマスパーティーなどがあります。さらにこの年には、フィンランドの独立記念日を祝い、卒業生を讃える卒業パーティーも開かれました。クリスマスパーティーではヒロキとサザンオールスターズの「TSUNAMI」を披露できてとても嬉しかったです！　ヒロキが歌い、私がドラムをたたき、他の先生もバンドや合唱団として参加しました。本当に素晴らしいパフォーマンスで、観客はこの曲がとても気に入って、スクリーンに映し出される歌詞に合わせて歌っていました。

私のHekluでの1年目は、ヒロキがいなかったら違ったものになっていたことでしょう。ヘルシンキで私たちが一緒に過ごした時間は、懐かしい思い出です。また会えること、そしてヒロキの新たな冒険を楽しみにしています。

ありがとう、ヒロキ！　カンパイ！

帰国前最後のパーティーでは2人で熱唱しました

3章

リスペクト

リスペクト

3章では、「リスペクト」についてお話ししていきます。「リスペクト」は、日本語で「尊敬」「尊重」「敬意」などと訳されますが、あなたは「リスペクト」と聞いてどのような言葉をイメージしますか？　私自身、文脈に応じてどの意味も表すことが可能であると捉えているので、大くくりに「リスペクト」という言葉を使っているというのが正直なところです。

ある研究※で、「『尊敬』は人に対して使われ、『その行動、言動がすばらしいものだと感じられ、その人を真似したいと思い、仰ぎ見る存在であると思う』ことを表し、『尊重』は対象は人とは限らず、『何かを特別なものとして軽視せず、そのものとして大事に扱う、認める』という意味で、行動を伴うものである。『敬意』は『尊敬』に近いが、主に人に使いその人を『尊重』する気持ちである」とされ、「これらの語はよく使われているが、実際には定義が難しく、他の言語に翻訳することも難しい」とされています。

3章で登場するそれぞれのエピソードにおいて、「尊重」のニュアンスもあれば、「敬意」のニュアンスもあります。あなたがこの後読み進めるそれぞれのエピソードを通して、「リスペクト」の意味を感じていってもらえればうれしいです。

日本で教員をしていた頃から、この「リスペクト」とは深い関係がありました。最後に担任をしたクラスで、唯一生徒の前で掲げたクラスの大前提こそが、「リスペクト」だったのです。好き・嫌い、性格が合う・合わないは置いておいて、ただただクラスの仲間一人ひとりの存在を認め合い、丁寧な関わりをしようという「尊重」に近いものとして共有していました。

フィンランドを語るうえでも、「リスペクト」というキーワードは欠かせません。ぜひあなたの日常生活と照らし合わせながら読み進めてもらえればと思います。

※坂本惠「「丁寧」「配慮」「尊敬」「尊重」――待遇コミュニケーションのキーワード――」、「待遇コミュニケーション研究」16巻（特別寄稿）、2019年、91‐96頁

1 他者へのリスペクト

フィンランドに来て驚いたこと

立場に関係なくファーストネームで呼び合う

フィンランドに来た当初は、今まで経験したことのない寒さや、フォークとナイフを使って楽しむ食文化など、日々の生活のなかで日本との違いを感じてきました。そのなかでもとくに私が驚いたのは、お互いの名前の呼び方です。フィンランドでは、上司と部下の関係でも、先生と生徒の関係でも、ファーストネーム（下の名前）を呼び捨てで呼ぶのが一般的です。

日本の学校現場では、「田中先生」や「鈴木さん」と呼ぶのに慣れていましたので、初めのうちは校長先生など目上の方を、ファーストネームで呼ぶのには抵抗がありました。けれど、職員室で先生同士が「サミ」や「ミンナ」のようにファーストネームで呼び合っている姿を見て、郷に入れば郷に従えという言葉があるように、だんだんと私もその文化に慣れていきました。授業中に生徒が先生を呼ぶ際ももちろんファーストネームで呼びます。私も「ヒロキ」と呼ばれていました。

呼び捨てで呼ぶからといってリスペクトに欠くかというと、そうではありません。誰もが相手へ敬意をもって接していましたし、たとえばコミュニケーションにおいて、直接的かつ率直な言葉遣いを好む一方で、相手の立場や感情を尊重し、傷つけることがないよう、最大限配慮しているように感じました。

フィンランド人のステレオタイプとして、内向的で控えめな性格や、他者と一定の距離を取り、他人のプライバシーを尊重する傾向にあるということはよく語られます。あくまでステレオタイプですので、これがすべての人に当てはまるわけではありませんが、フィンランドでリスペクトが重要な価値観とされていることは間違いない事実であると思います。

対等でフラットな関係を大切に

学校のなかでも、先生の生徒に対する関わり方や、立ち振る舞いを見ていて、誰一人としておごりたかぶっているような人はいませんでした。常に生徒に対して、人と人との関わりとして、対等でフラットな関係を大切にしていました。

それは、保護者と教師の関係においても同様です。フィンランドの教育制度では、教師と保護者の協力が非常に重要視されていて、「教育的パートナーシップ」と呼ばれています。教育的パートナーシップは、教育プロセスで教師と保護者が協力し、共同で子どもたちの教育や発達をサポートするための概念です。

この原則に基づき、保護者と教師は、対話、信頼、相互尊重を実践しながら、子どもを支援していきます。このような関係性は、どちらが上というものではなく、互いに対等な立場で子どもたちの成長に関わる、まさに「パートナー」としての関係性を大事にしているのです。

相手への親しみを込めてファーストネームで呼び合い、そこには間違いなく相手へのリスペクトがあり、生徒でも部下でも相手を敬う心が伴っています。たとえ相手を「さん付け」で呼んだり、敬語を使ったりしても、心が伴っていなければただの形式だけのものとなってしまいます。フィンランドで、私が日々肌で感じてきた「リスペクト」は、上辺だけのものではなく、心の底から感じるものだったと改めて気づくのでした。

サンナ校長先生

誰に対してもリスペクトをもって接する

私がヘルシンキ国際高校で日々を過ごし、ぜひとも日本に持ち帰りたいと強く思っていたことの一つに、心地よい職員関係と職員室の雰囲気があります。日本語の「同僚性」という言葉に近いかもしれませんが、実際に私が肌で感じてきたことを表現するのはむずかしく、ここでは「あたたかい優しさとポジティブな空気に包まれている」とでもしておきたいと思います。

そんな、このうえなく素敵な環境をつくり出すことができているのは、校長先生であるサンナによるところが大きいです。コーヒー片手に、いろんな先生方と談笑する彼女の周りには、いつも笑顔があふれていました。校長先生としての立場を権力として振りかざすことは一切なく、常に対等な立ち位置で先生方とコミュニケーションをとります。彼女が先生方に対してリスペクトのある行動をとるからこそ、先生方もまたリスペクトある振る舞いで接しているのです。

新年度の初めの職員会議では、「私たちが大切にする5つのこと」の1つめとして「私たちは誰に対してもリスペクトをもって接します」と力強く語りました。口で言うのは簡単ですが、言葉だけではなく実際の行動に移すからこそ、信頼が生まれてくるのだろうと確信しました。

距離の近さで信頼関係を築く

私が校長室を訪れる際、どれだけ忙しくされていても「ようこそ、ヒロキ」と歓迎の言葉と共に作業の手を止めて、笑顔でゆったりとした傾聴の姿勢で耳を傾けてくれました。私が伝える内容はほとんど決まって、「テスト期間に○○へ旅行に行くので、お休みをいただきたいです」ということでしたので、「それは最高にいいね！　しっかり楽しんできてね！」と毎回笑顔で送り出してくれました。

生徒の信頼も厚く、それもまた彼女の行動から生まれているものです。毎週水曜日のランチタイムにコーヒーとお菓子を無料配布する際には、生徒と共に楽しいひとときを過ごされていました。また、バレンタインデーやハロウィンには、生徒会主催で写真撮影ブースが設置されるのですが、誰よりもノリノリで撮影に臨むのも彼女で、それに続いて先生方や生徒たちも最高の笑顔でイベントを楽しんでいました。こうした生徒との距離の近さもまた、彼女の魅力の一つです。

「互いをよく知る」ための小さな工夫が大きな土台に

校長先生のリーダーシップのもと、チームとして働いていた私たちでしたが、それを下支えするものは一体何なのだろうと考えていました。もちろん職場での人間関係ですので、いつでも仲良しこよしの関係性だけではなく、共通の目標に向かって切磋琢磨する間柄であることは間違いありません。それらをふまえたうえで、良好な人間関係を築きつつ、リスペクトし合えるための秘訣には、「互いをよく知る」ということがあげられるのではないかと思います。

プライベートを知ることでコミュニケーションが生まれる

たとえば、私たちはWhat's upというアプリ（日本でのLINEのようなもの）を使って、教員同士のグループチャットを活用していました。このグループチャットは2種類あり、１つは業務に関することをリアルタイムで共有したり、相談したりするためのもの、もう１つはみんなのwell-beingを追求するためのもので、飲み会やイベントの案内、プライベートの写真などを共有するものとして使っていました。夏休みには、ある先生の「やあ、みんな元気にしているかい？」の呼びかけのもと、それぞれがサマーコテージで過ごしている写真、ペットの写真、ビーチでお酒を楽しんでいる写真などが次々とあげられました。そのときは私も、サウナ上がりにビールを楽しんでいる写真を投稿しました。

こうしたプライベートの共有により、どの先生はどんなものが好きなのか、どんなペットを飼っているのか、どこに遊びに出かけているのかを知ることができ、それが話のネタとして活かされています。私にとっても非常にありがたく、「この先生はお酒が好きだから今度飲みに誘ってみよう」、「音楽といえばこの先生だから、フィンランドのおすすめの歌を聞いてみよう」、「マリメッコといえばこの先生」、「この先生は紫色が好きだからプレゼントは選びやすいな」などなど、仕事以外についても話をすることができました。

ほかにも、金曜日になると決まって「週末はどう過ごすの？」と聞き合うので、月曜日には「週末はどうだった？　楽しめた？」という話題からスタートすることができます。

こうしたやり取りが、良質なコミュニケーションを生み、仕事にもプラスの影響を与えているのは間違いないと思います。

教育観の共有が同僚へのリスペクトにつながる

「互いをよく知る」というのは、プライベートなことだけではありません。それぞれの先生がもつ教育的な価値観、教育観についても語り合うことがしばしばあります。それは、堅苦しい雰囲気ではなく、ソファに座りながらリラックスした状態で行われることがほとんどです。私も多くの先生から、日本で教員をしていた頃にどんなことを大切にしながら子どもたちと関わってきたかや、フィンランドに来てからどのようなマインドの変化があったかなどを問われることも珍しくありませんでした。

互いの教育観を知るということに関して、視察で訪れたエスポー市にある小学校の好事例を紹介したいと思います。こちらの学校では、校長先生が率先してチームづくりに取り組まれていて、そのなかでもとくに「教育観の共有」を大切にされています。

その取り組みのひとつとして、年度初めに先生方それぞれが、自分が大事にしている教育観について紙に書き出し、1年間を通じて職員室内に掲示するというものがあります。「熱意・愛・柔軟性・ユーモア・共感」など、さまざまな教育観が共有されています。職員室で談笑しているときにも、パッと目につくところに掲示されているので、先生方は常に同僚の教育観に触れることができます。リラックスしながらお互いの教育観について対話することも頻繁にあるそうです。教育観の共有により、その人が何を大切にしているかを知ることができ、言動や行動の背景に思いを巡らせることができます。こうした豊かな時間が同僚の先生へのリスペクトにつながっているのではないかと気づかされました。

みなさんの職場で、教育観の共有やプライベートの共有を自然発生的に生み出すのはむずかしいと感じられるかもしれません。グループチャットをつくったり、教育観を掲示したりすることは小さな一歩ですが、こうした工夫や環境づくりが、大きなものを支える土台となってくるのではないでしょうか。

関係づくりは一朝一夕では実現しない

あるとき、同僚のアンティ先生に「この職員室の素敵な雰囲気や職員関係のよさを日本に持ち帰りたいと思うんだけど、その秘訣や意識していることって何ですか？」と尋ねてみました。彼は、10年以上もこのヘルシンキ国際高校に勤めていて、ほかの誰よりもこの学校の歴史を知っている方だったからです。

するとは、微笑を浮かべながらも困ったような様子で「それは非常にいい質問だね。だけど、すごく答えるのにむずかしい問題でもあるね。これという答えはないのだけど、強いて言うならば、ぼくたちは今までどんなむずかしい状況でも助け合い、支え合いながらここまでやってきたんだ。その積み重ねが、今の職員室の雰囲気や、同僚との良好な関係を築いているんじゃないかな」と答えてくれました。彼の言うとおり、一朝一夕で実現できるものではないと感じるとともに、お互いを大切に思い、補い合うことが豊かな関係性を構築できるヒントになるのではないかと気づきを得ることができました。

2 他文化へのリスペクト

多様であることが当たり前

ヘルシンキ国際高校を語るうえで、はずせないキーワードの一つに「多様性」があげられます。学校が位置する東ヘルシンキは、移民やフィンランド以外の国にルーツがある人が多く住むエリアの一つであり、家から近い高校を選択する生徒も多いことから、本校にはさまざまな国の背景をもつ生徒が通っています。みなさんがもし視察に来られたら、「フィンランドの学校」と聞いてイメージする教室の光景とはまた違った印象を受けると思います。ソマリア系やアラブ系、トルコ系やアジア系など、まさに「多様」という言葉がぴったりの学校です。

文化的背景が違えば、考え方、振る舞い方が異なるのは当然のことです。そんな生徒たちが教室に集い、同じ環境のもとで学習に励んでいるのです。私も初めて出勤したときには、その生徒の多様さに圧倒され、「どこの国に来たのだっけ？」と思うほどに衝撃を受けました。

ただ、それも時間が経つと当たり前のものになってきます。つまり、お互いが違う国の背景をもっていることが気にならなくなってくるのです。これだけ見た目も肌の色も宗教も違っていると、一人ひとり違っていて当然と思うようになってきます。

同質性の高い集団のなかだと、どうしても人と違うということが目立ってしまいますが、これほどまでに一人ひとりが違う国の背景をもっていると、「多様性」という言葉を使うこと自体がバカバカしくなるほどに、多様であって当たり前でしょというところまで行きつくのです。

「多様性」という言葉を用いなくなったときこそが、本当の意味で「多様」な状態をみなが自然と受け止めているということなのではないかと思います。多様性を大事にしようと言っているうちはまだまだ道半ば、むしろスタートラインに立った程度のものであると心にとめておきたいものです。

多文化との出会いを通してアイデンティティを考える

カルチャーデー

1週間の秋休みに入る直前の金曜日に、新校舎の開講式と合わせて「カルチャーデー」のイベントが行われました。このカルチャーデーは、午前中で授業を終え、午後からは、各国の音楽、芸術、食文化、ファッションなど、生徒によっていろいろな分野のトピックのブースが出され、さまざまな文化に触れることができるイベントです。

私は、フィンランドブースとコラボして、Finland karaoke のお手伝いをしました。フィンランドの人気曲をみんなで歌って楽しもうというもので、私も十八番である「Pohjois Karjala」を熱唱し、会場を盛り上げました。ほかにも、トルコ料理やバングラディシュ料理が振る舞われるブースや、各国の踊りの紹介などが行われました。さまざまな国旗を背負い、民族衣装に身を包む光景は圧巻で、改めて多様であることを感じる時間でした。先生方もフィンランドの民族衣装を身にまとい、イベントの最後はみんなでフィンランドの伝統的な踊りを楽しみ、秋休みに突入していきました。

こうしたカルチャーデーを取り入れている背景には、フィンランドのナショナルカリキュラムの影響があります。ナショナルカリキュラムでは「Cultural Encounters（文化的な出会い）」がキーワードとしてあげられています。生徒が自分たちのアイデンティティを考えるのに役立つ多文化との出会いを奨励しています。

カリキュラムにおいて、フィンランド人の生徒と移民的背景をもつ生徒との間で、新しい文化的な実践を生み出し、互いの習慣を融合させていくことも行っています。お互いの文化を尊重し、お互いの文化を認め合う多文化社会（Multiculturalism）だけではなく、さらに一歩進んで、お互いの視点を取り入れ、新しい種類の文化を共同で構築しようとする異文化主義（Interculturalism）についても議論がなされています。

日本ではまだまだ想像しがたい内容だと思いますが、教室内にさまざまな背景をもつ児童生徒が増えてきている今、この視点は非常に役に立つのではないかと思います。

バックグラウンドを聞き合う日常

こんなエピソードもあります。あるとき休み時間に生徒と話をしていたら、別の生徒が「やぁ、ヒロキ元気かい?」と声をかけてきました。私は、「絶好調だよ」と答え、3人で話し始めました。生徒同士は初めての関わりだったようで、「あなたのバックグラウンドは?」という質問を一人の生徒がしました。すると「フィンランド生まれのクルド人だよ」「おお、それは僕と一緒だよ、よろしくね!」という会話になりました。

見た目から自分と似たような背景があると推測し、この質問をしたのだと思いますが、こういった会話が飛び交うのもヘルシンキ国際高校の魅力の一つだと思います。

文化を知るために言語を学ぶ

ナショナルカリキュラムにおいて「文化的な出会い」が大切にされているとお話ししま

したが、これは幼児教育でも取り入れられています。日本人のご夫婦の娘さんが通っていた幼稚園は、さまざまな国に背景のある子どもたちが在籍していたそうです。もちろん、日本人である娘さんもその多様な環境の一部となっています。その園では、クラスのお友だち全員の国の言葉で、「こんにちは」と「ありがとう」が言えるようにする取り組みがなされていました。これには、「共通語として英語を学びましょう。そして英語を使いましょう」という流れではなく、「このクラスのお友だちの言語文化を大切にしていこう」という思いが込められています。

日本では、国際理解＝英語教育と捉えられてしまうケースもありますが、相手をもっと知りたいから相手の文化に興味をもち、その文化をより深く知るために言語を学んでいくというほうが自然なことなのではないかと思うようになりました。私は以前、スペインへ旅行した際に、スペイン語を話せるようになろうと誓ったのですが、それと近いものがあります。そのほうが学習へのモチベーションはあがりますし、もっと知りたいという好奇心や向上心をくすぐられるのではないでしょうか。

言語を学ぶから文化を知るということも否定されるものではありませんが、文化を知るために言語を学ぶというあり方も大切になってくると考えています。そうなると、相手の国の言葉でしか表現できないものへの興味や、細かなニュアンスを相手の国の言葉を用いて伝えたくなってきます。たとえば、フィンランドには雪を表す言葉が本当にたくさんありますし、ポルトガル語の「サウダージ」のように日本語に訳すのがむずかしい言葉も世界にはたくさんあります。相手の国の言葉を使って会話することは、相手の文化へのリスペクトであり、相手自身へのリスペクトでもあることを心にとめておきたいです。

多様の先にある個人をリスペクトする

一口に文化的背景と言っても……

フィンランドの生活では、日本で暮らしていたとき以上に、文化的背景を考える機会が格段に増えたように思います。勤務校が多様な国に背景をもつ生徒が多かった影響も少なからずありますが、ヨーロッパというさまざまな文化、民族が入り混じっている場所というのも大きいと思います。

たとえば、「父はソマリア人で、母はフィンランド人、生まれはフィンランドで、長年フィンランドで生活をし、フィンランド語を話す」子や、「父はフィンランド人で、母はタイ人、生まれはタイで、長年アメリカで暮らし、今はフィンランドに住んでいるがフィンランド語は話せず英語を話す」子がいたとしましょう。この子たちは何人《なにじん》でしょうか？極端に聞こえるかもしれませんが、実際にこのような例は当たり前のようにあります。こうなったときに、何を基準として、その人のアイデンティティとするのかについてや、どの国と結びつけるのかについては深い議論ができると思います。

ただ、それはいったん置いておいて、私はあるときから自分のスタンスとして、人と接するときに、国の背景ではなく、ただただその人を「一人の人として見よう」と考えるようになっていきました。つまり、どこの国の出身であろうが、どのような背景をもっていようが、一人の人としてリスペクトしていくということです。

日本にいたときには、「多様について考える」機会が少なかったように思います。フィンランドに来てこのように多様な環境に身を置いてみると、自然と考える機会に出会い、そのうえで多様の先にある個人にフォーカスしたリスペクトを大事にしていくことになるのだということを学べました。

自己表現が尊重される

ヘルシンキ国際高校には、2階以上のフロアで飲食はしない、厚手のコートは教室の外にかけるなどのルールはありましたが、服装や髪型に関する校則はありません。そもそも地毛が金色の生徒も多いですが、緑やピンクに染めている生徒や、パーマを楽しんでいる生徒もいます。耳だけではなく、鼻や舌、唇にピアスをしている生徒もいました。また服装も自由ですので、本当にさまざまな格好をして学校生活を送っていました。

これらについては、個人の自己表現として捉えられ、細かな指導がされることはありません。自分が着たい服を着て、自分がしたいおしゃれを楽しむということです。

先生の服装についても決まりはありません。自分の好きな服を着て働きます。日本でよく見られるジャージ姿の先生は全くといっていいほどいません。金曜日には、少し派手目で素敵なドレスを身にまとって授業をされる先生もいました。

多くの先生が愛用するのは、マリメッコの服です。男女問わず人気で、さすがはフィンランドといえます。教師だから、「教師のような服装」を求められるのではなく、それ以上に立ち振る舞いや生徒との関わり方でプロフェッショナルを表現しているところは、本当に素敵だなと感じました。

生徒や教師という立場や肩書きの前に、まず自己表現が許されるというところに、人としてのリスペクトが感じられるのではないでしょうか。

3 フィンランドの特別支援

特別支援教育のシステム

チームで生徒の「困り感」を解決する

フィンランド教育の秘密には、すばらしい特別支援教育のシステムがあります。特別支援教育領域のスペシャリストであるPirjo Aunioさんが、〝PHENOMENAL LEARNING from Finland〟の書籍のインタビューで語られた内容を軸に紹介します。

フィンランドの特別支援教育の特別な点は、多くの国で行われているように「診断」から特別支援の対象者が決められるのではなく、重度の障がいのある子どもを除いて、基本的にはまず全員が普通教室で過ごすということです。非常にインクルージョンの文化が強いといえます。学習上の問題を早期に発見することに最も重点が置かれていて、学級担任や教科担当は、生徒の学習上の困難さに気づいたらすぐに特別支援教育の先生に相談することができます。

こうしてチームとして組織的に、困り感の解決に努めているのです。通常は、学年の初めに保護者と先生が面談する機会があり、その会話のなかから問題が見つけられることもあります。高校生になると、子どもたち自ら、自分の困っていることについて相談に来るケースもあります。

すべての生徒を対象とした体系的・継続的なサポート体制

フィンランドの特別支援は、生徒の支援の必要性に基づいて3段階の支援に分けているのも特徴的です。

1段階目の General Support は通常学級で行われ、障がいや学習上の困難の有無にかかわらず、学校に通うすべての生徒に対して支援や配慮が行われています。これは、支援を必要としない子は誰一人としておらず、すべての生徒に必要な支援をするという考えが基盤となっています。たとえば、補習授業や部分的な特別支援教育、ガイダンスなどが行われています。

2段階目のIntensified Supportは、特別支援教育の教師を含む数名の教師が携わって、教育的アセスメントを行い、短期的な教育計画を作成します。これらは、教科学習だけにとどまらず、問題行動への対応も含まれています。この計画に基づいた目標が達成できているかを振り返ります。

3段階目のSpecial Supportは、教育計画とは別に、個別の支援計画を作成します。アセスメントの範囲は広がり、時には医師の診断を受けることもあります。

フィンランドでも日本と同様に、特別な支援を要する生徒が数人いるクラスも、その学級規模は必ずしも小さくはありません。前述のようなシステムは、教師にとって非常に時間がかかるものであり、それが負担感につながるという問題も抱えているようです。

そうしたなかで国のサポートとして、たとえば生徒の25パーセント以上が移民であれば、当該学校は最大限の財政的支援を受けることが可能となっています。これらは、フィンランド教育の理念である、「すべての子どもたちを教室にいれること」、つまりは包括的であることが大切にされていることの表れであるといえるでしょう。

上記のような点から、フィンランドの特別支援教育は、体系的かつ継続的なサポート体制が整っているといえます。問題が発生すると、まずは軽いサポートから介入し、それでも不十分であればさらに強化されていきます。こうした特別支援の捉え方は、日本でも参考になるものだと思います。

フィンランド語の読み書きに困難な生徒への支援

日本で特別支援教育と聞くと、まずはじめに障がいのある子どもへの教育がイメージされることが多いのではないでしょうか。フィンランドでは、フィンランド語を母語としない生徒や、母語であってもフィンランド語の読み書きに困難を覚える生徒もおり、彼らもまた特別な支援を要する生徒に当たります。

ヘルシンキ国際高校では、入学後すぐに全新入生を対象に、フィンランド語についての読み、書き、聞き、読解の試験を行い、その結果に基づいて個別支援をどのように行っていくのかを、生徒のニーズと合わせながら決定していま す。この取り組みの指揮をとっているのが、特別支援教育担当のレア先生とバルッテリ先生です。

ある日、レア先生が「ヒロキは、日本で理科の先生だったよね？　この生物の教科書は私がつくったものなのだけど、よかったらプレゼントするね」と話しかけてくれました。この教科書は、私のフィンランド語のレベルでもわかりそうな内容で、読みやすくすっきりとした印象を受けました。

実はこの教科書は、生物と地理を専門とする3名の先生、一般のフィンランド語と併せて第二言語としてのフィンランド語を教える先生、さらには特別支援教育の先生の計5名で構成されるチームによって作成されたもので、特別な支援を要する生徒のためのものでした。これは、「本来使う教科書の内容では、支援を要する生徒には理解することがむずかしい」という現場の困り感をもとに、フィンランド国立教育庁が彼女らに作成を依頼してつくられました。それぞれの専門性を活かして掛け算することで、この教科書「ＢＩＯ

現場の困り感から生まれた教科書
BIOLOGIAと作成に携わったレア先生

LOGIA」が誕生しました。

現場の困り感から生まれた「BIOLOGIA」

以下、レア先生へのインタビューをもとにお伝えします。

さまざまな専門性を活かして作成

「BIOLOGIA」は、特別な支援を必要とする生徒やフィンランド語を母語としない生徒に向けてつくられたものですが、カリキュラムの核となる内容を、わかりやすいイラスト、簡単な表現、大きめのフォントサイズで掲載し、さまざまなレベルの生徒に適した課題をとらえ、見つけ出すことを目的としています。

たとえば、テキストの間に「読解チェック問題」が挿入されていますが、この目的は、探究を通して生物学的思考を刺激することです。この教科書のイラストと研究活動は、生徒が自分自身で実験し、自然界の現象を調べることを促すよう工夫されています。本シリーズの教科書は、内容が削られているのではなく、教科の本質を見失うことなく簡素化されているのです。また、一般教育のカリキュラムに沿った内容であるため、一般的な生物の授業にも適しています。

作成にさまざまな専門家の先生が関わって完成した「BIOLOGIA」ですが、それぞれの役割について、彼らはこのように答えてくれました。

「私たちはさまざまな立場をもつ専門家からなるユニークなチームです。執筆過程は、まず生物教員が基本的な文章を書き、特別支援教育教員とフィンランド語教員が、特別な支援を要する生徒の理解に合うように文章を編集します。その後、生物教員が記載内容が正しいかどうかをチェックしました。絵や課題のデザインはみんなで一緒に考えました。この本は、休日や勤務時間外に執筆しています。グループ全員のアマチュアのスキルを集結し、最終的にはプロフェッショナルの成果としてできあがっています。最後に、文章が簡単な言葉で表されているかを、言語の専門家によってチェックしています」。

このような手続きを経て、それぞれの専門性が掛け算されていったのです。

教師・生徒のニーズに応じた使い方

さらには、実際にこの教科書を使用した事例や生徒の反応・成果をうかがいました。

「〝リーディング復習問題〟は、ときに高い評価を得ています。レイアウトやイラストのわかりやすさ、さまざまなレベルの課題、イラストがテキストをサポートしている点なども評価されています。本シリーズは多くの教師のニーズに応えており、教師・生徒にとって不可欠なものとなっています。フィンランドでは、特別支援の教員は教科教育の資格をもっていませんが、すべての教科を生徒に教えており、教師用の教材は生物教員でなくても簡単に使えるように工夫されています。たとえば、イラストには授業でディスカッションするための質問が用意され、すべての練習問題や絵の問題には解答例が用意されています。一方で、本シリーズがいくつかのパートに分かれていることに混乱を感じる教師や、テストに向けた指導がむずかしく手間がかかると感じている教師もいます」。

「BIOLOGIA」は、特別な支援を要する生徒に向けられた支援の手段の一つではありますが、こうした支援の選択肢が多岐にわたっていることもフィンランドの特徴だと思います。そして、現場の困り感から教科書作成のプロジェクトチームがつくられて、実際に作成していくところにも価値があると思います。彼らは今、より年少の小学生向けの教科書の作成にもとりかかり始めたようです。土日や仕事終わりに集まってプロジェクトを進める一方、プライベートでも非常に仲が良く、一緒にキャンプに出かけたり、スキーを楽しんだりしています。そういった関係性もまた、互いの専門性をリスペクトし合うのに欠かせない時間なのだと思います。

フィンランドの「インクルーシブ」

日常に溶け込むインクルーシブの精神

フィンランドの特別支援教育を語るうえで欠かせないキーワードに「インクルーシブ」があげられますが、生活のなかでも、このことを感じる出来事がたくさんありました。

フィンランドでの飲み会の後の定番スポットはkaraoke barで、この1年間で私も何度も同僚と訪れて、楽しい時間を過ごしました。フィンランドのカラオケは日本のスタイルとは異なり、部屋が分かれておらず、開放的な大きな部屋にステージが用意されていて、違うグループの人ともみんなで一緒に歌います。場所によっては団体で貸し切りのように使うことができるスペースもあります。

私が同僚と訪れたある日、ほぼ貸し切りスペースとして使える部屋で、私たちは10名でカラオケを楽しんでいました。するとそこへ、かなり泥酔した女性が入ってきて、何も言わずに部屋のソファに座り、曲を入れ始めたのです。私は驚き「え、これってどういう状況?」とオドオドしていましたが、誰一人その女性を排除することなく、そのまま迎え入れていました。そしてある先生が、「ヒロキ、きっと彼女は1人で寂しかったのよ。これがインクルーシブよ」と笑いながら教えてくれました。さらには、別の男性3人組も乱入してきましたが、それでも追い出すことなく、みんな何食わぬ顔で楽しんでいました。フィンランドスタイルのカラオケにも驚きましたが、まさかこんなところにもインクルーシブの精神が込められているとは、と驚きを隠せませんでした。

犬に対してもインクルーシブな姿勢

フィンランドでは、犬に対してもインクルーシブな姿勢で生活しています。フィンランドの公共交通機関は、盲導犬だけでなく普通のペットも一緒に乗ることが可能です。それは、メトロでも、バスでも、船でも同様です。長距離列車では、座席にタオルを敷いて、その上で犬が寝ているという光景を見たこともあります。

私が寝ていると、後ろの席で犬が吠えて起こされるということもありました。それでも、乗客は当たり前のようにその状況を受け入れ、犬にも人権ならぬ「犬権」があるかのような関わり方をしているのも大きな特徴といえるかもしれません。

4 フィンランドの文化へのリスペクト

サウナにて

フィンランド人と仲良くなるには？

フィンランドに来た当初の研修キャンプでは、「フィンランド人と仲良くなるのはむずかしい」と言われました。どのように関係性を築いていくかのワークショップが行われるほどです。前述のように、フィンランド人のステレオタイプは「内気でシャイな性格」「パーソナルスペースを確保したがる」「沈黙を好む」などと言われるところから、当てはまる部分も多少はあるかもしれません。そのようなことを初めに宣告（？）されて、フィンランドでの生活がスタートしました。

仲良くなるのがむずかしいと言われると、私は逆に燃えて、たくさんの素敵なご縁があるといいなと思うようになりました。そこでまず私は、「もしフィンランド人が日本で生活していたとして、その人と私が関わったときに、私が嬉しいなと思うことは何か」ということを考えました。つまりは、逆の立場になって考えてみたということです。たとえば、つたなくても日本語をがんばって話そうとしていたり、アニメやマンガに詳しかったり、お箸を使ってお寿司を嬉しそうに食べていたり、そんな場面に出会ったら嬉しくなるなと。要するに、日本の文化を楽しみ、溶け込もうとし、リスペクトしてくれていたら嬉しいなということです。私も、まずはフィンランドに対してそのように関わってみようと決心しました。

最初に私がしたのは、地元のサウナに行くことでした。「ソンパサウナ」と呼ばれるこのサウナは、この場所を愛する地元の方々が運営していて、サウナを温めるための薪の調達や割る作業、絶やすことなく火をおこし続けること、清掃などを、すべてボランティアで行っています。更衣室もなく屋外で男女そろって同じ場所で着替えをするので、観光客にとっては少しハードルが高く感じられるところもあり、まさに地元のフィンランド人のためのサウナと言っても過言ではありません。

初めて私が訪れたときは、フィンランド語で話されている会話が全くわからず、ただただアウェー感を感じながら、黙ってサウナを楽しむだけでした。そのときこそ、私のなかで「フィンランド語を勉強して、このサウナで地元の人とフィンランド語で簡単なコミュニケーションをとれるようになろう」という目標が生まれた瞬間だったのです。

フィンランド語でつながる素敵なご縁

そのときからフィンランド語を少しずつ学び始め、自己紹介を含む簡単な会話ができるようなレベルになっていきました。そして5ヵ月後に改めてこのサウナに行ったとき、そのチャンスは訪れました。サウナで隣に座っていた男性から、「どこから来たの?」と英語で尋ねられたのです。その質問の答えに私はフィンランド語で答えました。すると、驚いた様子を見せて「フィンランド語話せるの?」と聞いてきてくれたのです。私は、「少しだけ」と言うとともにニコッと満面の笑みを浮かべ、この時を待っていましたとばかりに会話を始めました。

そこからは、どこに住んでいるのか、どこで働いているのか、フィンランドについてどう思っているかなど、いろいろな会話を楽しみました。その日以降、このサウナに行くのが楽しみになり、チャンスがあれば積極的に話すようになっていったのです。初めて行ったときの、あのアウェー感はどこにもありません。フィンランドの文化へ、少しずつなじむことができている嬉しさでいっぱいでした。

この出来事以降、ここでは素敵な出会いがたくさんありました。きっとアウェー感を感じず、オープンマインドな空気感を醸し出すことができていたことが大きな要因だと思います。「日本に留学していたことがあります」や「今、日本語を勉強しています」などの言葉をかけられることもしばしばありましたし、ヨーロッパの他の国から訪れた観光客と仲良くなったりもしました。SNSを交換して、後日再会を果たした方もいます。私にとってこのサウナはまさに、素敵なご縁に溢れる、パワースポットでした。

ちなみに、このサウナは男女共同で、水着を着用する人もいれば、全裸でサウナを楽しむ人もいます。それぞれの

地元民が愛するソンパサウナ　平日の午後や休日はたくさんのひとで賑わいます

スタイルがリスペクトされています。日本では考えられない異世界に感じるかもしれませんが、それもまた文化です。郷に入れば郷に従えではありませんが、自然とその空間には慣れるものです。

文化へのリスペクト

スポーツを楽しむ

フィンランドで過ごしたこの1年には、私にとって初めての経験がたくさんありました。平らな雪の上を滑っていくクロスカントリースキーもそのひとつです。夏はランニング、冬はクロスカントリースキーというくらい、フィンランドでは日常に溶け込んでいて、長距離を楽しんだり、傾斜のあるところを力いっぱい登ったりと、ハードな一面もありますが、基本的に身体を動かすために、サクッと行うものという位置づけでもあります。私も同僚の先生に連れて行ってもらい、約1時間、3キロのルートを楽しみました。

また、フィンランドが世界一になったこともある、国技と言っても過言ではないアイスホッケーにもデビューしました。ある冬の寒い日、体育の授業に飛び入りで参加させてもらい、20分ほど滑る練習をした後、さっそくゲームに混ざりました。想像以上にむずかしく、ゴール前に行くのも大変でしたが、何とかゴール前の位置をキープしていました。生徒のなかにはスクールに通っている子もいて、ゴール前で待ち構える私に最高のアシストパスをくれましたが、「ゴールを決めてやる！」と力の入った私は華麗に空振りし、すってんころりんという、苦くも楽しい思い出となりました。

アイスホッケーは、プロリーグの観戦にも行きました。氷上の格闘技と言われるだけあり、冷たい氷の上で繰り広げられる戦いは、本当に熱く激しいプレーの連続で、観ている私のなかにも沸々と湧き上がってくるものがありました。

観戦の際、ヘルシンキのホームチームのニット帽を購入しました。形からですが、普段からこれを被っていればヘルシンキに溶け込めるのではないかと考えたのです。その予想は的中し、これを被ってメトロに乗っていると、しょっちゅう

アイスホッケーデビューは、ほろ苦いものとなりました

「その帽子いいね」「そのチームこそナンバーワンだ」「お前はわかっているな」と声をかけられ、それに続けて楽しい会話で盛り上がりました。こうしたちょっとしたアイテムに、人と人とをつなぐ力があることを、改めて感じるエピソードとなりました。

食文化を楽しむ

ほかにも、食文化へのリスペクトも欠かすことはできません。私がフィンランドで一番好きだったのはサーモンを使った料理で、スモークサーモン、サーモンスープ、サーモンサラダなどです。さらには、トナカイの肉や、ベリーと一緒に食べるミートボールも格別で、食文化を楽しみました。

しかし、初めのうちは口に合わない料理もありました。それは、朝食でよく食べられる「ポリッジ」です。ポリッジは、オート麦やその他の穀物からつくられた、水や牛乳で煮て調理する、栄養価が高いとされる食べ物で、トッピングには砂糖やベリージャムなど甘い系のものが使用されることが多いです。初めてポリッジを食べたのは、フィンランド到着後、10日間だけお世話になった寮生活での最初の晩ご飯でした。この寮では、晩ご飯は昼のうちに容器に入れておいたものを夜に食べるという形式で、冷え切ったポリッジとの出会いがまさに最初だったのです。お粥に近い食べ物に甘いトッピングをすることが考えられず、この先やっていけるのかと不安になったことを今でも思い出します。

そんな衝撃的な始まりではありましたが、ホストマザーが朝食としてつくってくれたポリッジは温かく、私の味覚も甘いトッピングに慣れてきて、おいしくいただけるようになっていきました。そのほか、好きな人が多いものの好みが分かれるライ麦パンやサルミアッキなども積極的に食べるようになっていきました。その国の文化へのリスペクトは、まずまねをして形から入ることが何より大切であると学んでいきました。

教育視察に思うこと

コロナ禍における海外渡航がむずかしかった日々も終わりを迎え、「待ってました」とばかりに海外教育視察の波が押し寄せているように感じます。コロナ禍前に教育視察としてフィンランドを訪れたことが、その後のフィンランド生活への扉を開いたことは間違いなく、教育視察ビジネスには心の底から感謝しています。ただ、そんな教育視察において、フィンランド教育界や、私の心をざわつかせたある出来事が、滞在中に起こりました。

日本の先生はフィンランド教育に失望する？

11月のある朝、いつもどおり職員室でコーヒーを飲みながら談笑していると、副校長先生が話しかけてきました。「日本人の先生は、フィンランド視察後に失望するの？」と。最初は、私が帰国して、日本に対して失望するかを聞かれているのかと思いましたが、そうではありませんでした。なんと、ヘルシンキの新聞の一面の見出しに、そのように書かれていたのです。どのような意図で書かれたのかは定かではありませんが、フィンランド在住の日本人で、日本から来た先生方の教育視察コーディネーターをされている方へのインタビューが、記事として掲載されていました。

その方の名誉のためにもお断りしておきますが、もしかするとインタビューの一部分だけが切り取られて使われたのかもしれませんし、どのような文脈で話されたのかも私が知るところではありません。ただ、フィンランド中に向けて、このような見出しで発信されたことは事実です。

記事内容を簡単に要約すると、「フィンランド教育に理想（幻想）を抱き、海を渡って教育視察に訪れたけれど、期待していたものと目の前に広がる現実には乖離が見られ、思っていたのとは違うとがっかりする」という趣旨でした。きっと、この記事で書かれている視察に訪れた先生は、フィンランドが「このうえなく理想的な教育をしている」というイメージをもってやってきたのでしょう。さらには、日本の未来の教育における「正解」が、フィンランドにあるに違いないと思っているのかもしれません。

フィンランドの現地校でお世話になっている私の心中は穏やかではなく、苛立ち、悲しみ、同じ日本人として申し訳なさに包まれました。自分の意見は真逆であることや、こんなにも恵まれた環境で働かせてもらっている感謝はあれど、失望などひとつもないことを副校長先生に伝えました。

ある先生は、「ヒロキの気持ちはわかるよ。だけど教育に完璧なものなどないし、そのなかで私たちはよりよいものをめざしてやっているよ。日本でも一緒のことでしょ？　日本に帰ったら、そのフィンランド教育の幻想を解くのがヒロキの仕事だね」と笑って答えてくれました。

リスペクトをもって視察に臨むことが大切

この一件については、さまざまな角度から議論でき、海外だけにとどまらず〝視察〟のあり方を問い直すよいきっかけになるのではないでしょうか。

自身の学びのために行動を起こして視察に訪れる意欲はすばらしいと思います。ただ、忘れてはならないのは、世界中どこでも、目の前の子どもたちのために必死になって試行錯誤しながら教育活動に励んでいる先生がいることや、忙しいなかでも視察への対応に時間を割いてくれることへの感謝ではないでしょうか。

さらには、子どもたちの学びの時間に対するリスペクトの気持ちも大切だと思います。視察に訪れる人がいることで、少なからず普段と学習環境が変わりますし、本来なら100パーセント子どもたちに向けられるはずの先生の意識が、数パーセントは視察者に向けられている点で、学びの質が下がっている可能性があることも忘れてはなりません。

そのような細かなことにまでリスペクトの気持ちをもてれば、「失望した」などという言葉は出てこないのではないかと思います。視察を経てどのような感想をもとうが、それは個人の自由です。さらには、視察に訪れたことが自分の行動の変容につながらなくても全くもって構いません。ただただ、リスペクトをもって視察に臨むことが大切であるということが、日本中、いや世界中に広がっていくことを切に願っています。もちろん、参加者だけではなく、視察ビジネスを行っている方々にもしっかりと届いてほしいです。

私たちが見たヒロキ〜フィンランドからの証言〜

サンナ (Sanna)

●いつも笑顔が絶えないヘルシンキ国際高校の校長

（詳しくは3章に）

私が以前勤めていた学校で、日本語教師がボランティアとして働いていました。それがとてもよい経験だったので、ICYEから日本人ボランティアを本校で1年間受け入れてくれないかと打診されたとき、喜んで引き受けることにしました。

わが校は語学に力を入れている高校ですが、理科の授業が多く、語学と理科の両面から学べることがたくさんあるので、理科教員であるヒロキが来ることになって幸いでした。

ヒロキはすぐに理科の授業で自分の居場所を見つけて、先生方もみな彼の協力をとても喜んでいました。ヒロキの役割はただの「理科助手」というだけではなく、生徒たちと休憩時間を過ごし、遊んだりおしゃべりしたり、日本語の授業に出席したり、学校行事などあらゆることに積極的に参加していました。

2023年夏に本校の新校舎が完成し、ヒロキは生徒や教職員とともに旧校舎に別れを告げ、新校舎の開校に立ち合いました。旧校舎を更地にして新校舎に移転した6月には、彼は汗だくで力仕事をして、私たちの力になってくれたのです。

ボランティアの教員はどんな人物かわからないので、雇うことにリスクがある場合もありますが、私たちは最高の教員を迎えることができました。ヒロキはさまざまなことに参加し、自ら進んで取り組み、学び、みんなの役に立ちたいと考えていました。そして、私たちはとくに、ヒロキのフィンランド語のスキルが日に日に上達していることを誇りに思っていました。

Tekluファミリーのメンバーの1人であるヒロキは、今、数マイル離れた日本にいますが、私たちはみな、彼に思いを寄せています。

卒業式でフィンランドの民族衣装に身を包むサンナ校長先生

ピーア（Piia）

●夫のヤピ（Japi）、息子のティミ（Timi）との3人暮らし
●ホストファミリー

ICYEから、7～8月に日本からのゲストを受け入れることができるかとの問い合わせがあり、私たちはすぐに、ヒロキを招待することに決めました。以前にも同じように日本人のボランティアを受け入れたことがあったので、簡単に決めることができました。

ヒロキは明るく、熱心で、前向きで、勤勉で、楽しくて、感じのよい人で、私たちは彼ととても仲良くなることができました。私はヒロキの偏見のない心と勇気を尊敬しています。

ヒロキは、夏に約2ヵ月私たちと一緒に過ごしました。サマーコテージでは、ヒロキはボートを漕いだり、釣りをしたり、自分でサウナを温めて入ったりと、典型的なフィンランドの夏の別荘生活を楽しみました。ヒロキはわが家の男性陣と一緒に、森のキャンプにも行きました。

ヒロキの妻であるユキが、2週間の休暇でフィンランドに来たとき、私たちは朝、ヒロキと一緒に空港までユキを迎えに行きました。ヒロキは新学期のスタートだったため、その後学校へ出勤しました。彼が仕事中、私と夫はユキと一緒にマリメッコの店舗に行きましたが、ユキもまた魅力的で、親しみやすく、親切で明るい人柄であるとすぐわかりました。

ユキがフィンランドにいる間に、私と夫はノルウェーに旅行に出かけていたので、ユキとヒロキは私たちの家で息子のティミと一緒に過ごしました。彼らは3人で別荘に行き、また別荘生活とサウナを楽しんだそうです。

ヒロキと過ごした日々は、私たちにとって楽しい思い出として心に残っています。フィンランドか日本、あるいはその両方でまた会うことを約束しました。

ピーアとヤピとユキと一緒にポルヴォーの町を散策

4章

関係を築く

関係を築く

もし、あなたが「明日から言葉も知らない、知り合いもいない国で生活していく」ことになったら、どんな感情を抱きますか？　誰かと仲良くなれる自信がないし、やっていけるか不安という方や、まあなんとかなるでしょと楽観的に捉えられる方、さまざまだと思います。私の場合は、どちらかというと後者で、「とにかく飛び込んで行っちゃえ」という感じでした。ただ、この異国の地で、同僚や生徒と良好な関係を築いていったストーリーは、フィンランドだからというより、日本での生活においても参考になるのではないかと思っています。

4章では、フィンランド生活のなかでご縁があった方々と、いかに関係性を築いていったかを中心にお話ししていきたいと思います。本当に素敵な方々に恵まれたことは、胸を張って語れます。そんな方々とのストーリーをもとに、人間関係づくりのヒントを得ていただければ嬉しいです。

1 同僚との関係づくり

どうやって同僚と仲良くなったか

飲み会でのコミュニケーション

フィンランドで楽しく充実した時間を過ごすことができたのは、ひとえに同僚でもあり親友でもあるペトリ先生の存在があったからです。クールでシャイな一面をもつ彼ですが、困ったときには気づけばいつも隣にいてくれて、「どうしたんだい？」と優しく話しかけてくれました。

そんな彼との出会いは、勤務を始めた最初の週末に行われた「Vanhojen tanssit」の日です。「Vanhojen tanssit」とは、2年生が次年度最高学年になることを祝して、美しいドレスやスーツを身に着け、伝統的な舞踏や社交ダンスを披露するイベントです。この日は、保護者や地域の子どもたちまでたくさんの方が晴れ舞台を見るために学校を訪れます。教師は会場の警備にあたるのですが、その仕事の最中に、「今日この後、同僚たちと打ち上げでバーに行くのだけど一緒に来ないかい？」と誘ってくれたのでした。私にとっては、先生方のことを知るこのうえないチャンスであり、即答で「Yes! Thank you so much!」と返事をしました。

この夜があったからこそ、自分がどんな人間であるかを同僚の先生たちに知ってもらうことができ、職場での最高のスタートを切ることができました。この日以降も彼は、同僚での飲み会があると毎回声をかけてくれ、私がチームの仲間に入りやすい空気感をつくってくれました。

日本で教員をしていたときには、自分自身が先陣を切って飲み会を企画していたこともあり、飲み会におけるコミュニケーションが、日ごろの関わりにも大きな影響を与えることは心得ており、職場以上にバーで関係を築いていったと言っても過言ではありません。異国の地で、言葉も理解できないなかで過ごすには、お酒の力は本当にありがたいものでした。

基本的には、場の雰囲気に合わせることに注力し、みんなが笑っているときには誰よりも笑い、深刻な話をしているときはそれに合わせた表情でゆっくりうなずくことを心がけていました。自分がうまく話せなくても、その場に一緒にいて同じ時間を過ごすということや、笑顔、そしてオープンマインドで過ごすことは、コミュニケーションにおいてとても大事であると改めて実感しました。

共に楽しむなかで築く関係性

フィンランドは飲み屋も娯楽も少ないので、決まっていつも飲みの後は、karaoke bar に行くという流れでした。これまでもたびたび登場している Karaoke bar ですが、カラオケが日本発祥で本当によかったなと思います。日本にいたころは、みんなで盛り上げるカラオケは好きでしたが、採点機能や、うまく歌わなければならないという思い込みで、正直なところみんなの前で歌うのはそれほど好きではありませんでした。

しかし、フィンランドにきて、「カラオケって日本発祥だよね？　カラオケは好きなの？」という質問や、うまく歌うよりみんなで楽しむことに重きが置かれている文化も相まって、いつのまにか「カラオケなら私にお任せあれ」の「カラオケキャラ」として定着していきました。もちろん日本の曲は収録されていないので、まずはフィンランド語の歌に合いの手を入れたり、こっそり家で練習して覚えて披露したりして盛り上げました。

ほかにも、ヘルシンキハーフマラソンに先生チームとして一緒に出場したり、生徒会主催のバレーボール大会にも参加して見事優勝を飾ったりと、職場だけにとどまらず、学校以外の場所で過ごす時間に関係性を築いていきました。

ヘルシンキハーフマラソンを共に走りきった同僚たち

自分のポジションを確立する

幼いころからサッカーをやっていた影響かもしれませんが、サッカー同様、職場においてもポジショニングは非常に重要であると考えています。ここでいうポジショニングとは、職員室内における立ち位置のことで、実際、物理的にどの場所に立つのかということを意味しています。

会話を生み出せる場所を選ぶ

フリーアドレスの職員室なので、自分の指定席は決まっていませんが、いつも自分が座る場所は自然と決まってくるものです。私は、朝は職員室の入口に身体を向けて座れる席を確保するようにしていました。こうすることで、顔をあげれば出勤してきた先生の顔が見え、目を合わせることができ、朝の挨拶から会話を生み出すことができます。また、全体を見渡せる位置でもあるので、先生方の表情にも注目することができました。

空き時間には、静かに作業するための部屋に移動して、自分の仕事に集中できる環境を選んでいました。ここでも、入口が見えるところに座るようにして、入ってきた先生と簡単にコミュニケーションが図れるような工夫をしていました。

コーヒーを楽しみながら関係をつくる

先生方が職員室に戻ってくる休み時間に、私はある場所をいつも陣取っていました。フィンランドは世界で一番コーヒーの消費量が多い国です。学校でも、フィンランド人の先生方は出勤後すぐ、休み時間、ランチ後、帰宅前、みんなこぞってコーヒーを楽しみます。そのため、私はいつもコーヒーメーカーの近くに立って、コーヒーを楽しむようにしていました。なぜなら、そこが最も人が集まってくる場所だからです。そこに立っていれば、コーヒーを求めて自然と先生方が来るので、そのときに「今日は寒いですね」とか「そのマリメッコの服すごくいいですね」とか「週末は何をするのですか？」と話しかければいいのです。

私はこの作戦で、わざわざ話しかけに行かなくても、先生方が近くに来てくれる機会をつくり、そこで会話をする日々を重ねていきました。さらに、他の先生より少し早く出勤してコーヒーをつくっておくことや、シンクに溜まっている洗い物を積極的にすることもしていました。こうした小さな積み重ねが、先生方との良好な関係づくりにつながっていったと思います。

持ち寄りパーティー

みんなが当事者となって楽しい時間をつくる

年度終わりやハロウィンに、アパートのゲストルームを貸し切って行う持ち寄りパーティーは、日本に持ち帰りたい文化の一つです。このパーティーには、たくさんの同僚が参加し、それぞれが何を持っていくかを事前にエクセルシートに記入して、食べ物や飲み物を持参します。

一方的に招待されるパーティーではなく、みんなが当事者となって楽しい時間をつくるという視点が、心地よい空間を生み出していました。このようなパーティーが定期的に行われることで、職場を離れても一緒に楽しい時間を過ごすことができ、同僚性が高まっていくのだと思います。

そんな持ち寄りハロウィンパーティーで、スウェーデン語を担当しているミンデ先生との忘れられないエピソードが生まれました。いつも周りのことを気にかけ、みんなが居心地よく過ごすことを第一優先に動く彼女は、このハロウィンパーティーでも誰よりも全力で仮装してきました。その仮装は、想像の斜め上をいくものでした。なんと彼女は〝炎〟になって現れたのです。「どうして、炎になったの？」と尋ねると、「みんなハロウィンで怖いものっていうと、オバケとかガイコツをイメージするけど、いやいや、本当に怖いのは火でしょ！　炎でしょ！」と、笑顔で答えたのでした。これには私も驚き、具体物ではなく、抽象的なもので攻める彼女の発想力に脱帽しました。

「なるほど、そうきましたか。じゃあ僕は次の時には、水になろうかな。日本では津波が来ることもあるし、みんな恐れているから。そういえば、「TSUNAMI」っていう有名な歌があるけど知ってる？」と話しかけ、スマホでサザンオールスターズの「TSUNAMI」を流しました。すると彼女は、「なんて素敵なメロディ。そして意味も素敵だね！　そうだ、ぜひこの曲をお別れ会を兼ねたクリスマス会でティーチャーバンドと一緒に生徒の前で披露してもらえない？」と提案してくれました。こうして、生徒の前でTSUNAMIを歌うことになったのでした。

私の思いを心を込めて歌詞に乗せてくれたミンデ先生

ミンデ先生からもらった宝物の時間

1コーラスは日本語の歌詞で歌い、2コーラス以降は私の思いをフィンランド語で彼女が作詞してくれて、オリジナルTSUNAMIが完成しました。ランチタイムにティーチャーバンドとコーラス隊が音楽室に集い、練習する日々が始まりました。私との最後の思い出をつくるために、こんなにもたくさんの先生方が協力してくれることに感謝の思いが募るのと同時に、一緒に過ごせる時間が一日一日と減っていくことに心が痛みました。

そして迎えた当日。体育館に生徒が集められクリスマス会がスタートしました。1年間の感謝の思いと、ヘルシンキ国際高校への愛を歌に乗せて届けました。涙で歌えなくなることも予想しましたが、この1年大切にしてきた笑顔で、最後まで歌い終えることができました。今でもあのステージからの景色は忘れることができないですし、一生の宝物の時間となりました。人のために惜しみなく自分の時間を捧げることができるミンデ先生から、たくさんの愛について学びました。そんな彼女がつくってくれた歌詞をご紹介します。

あの寒い北国のオーロラ
それはまるで津波のよう
僕の心に向け波が打ち寄せる
素敵な人との出会い　たくさんの思い出
Hekluが僕にくれたもの
Hekluのことを歌うとき

TSUNAMIを歌い終え、感無量の瞬間

Tuo kylmä pohjoinen,
maa revontulien
iski kuin tsunami
mun sydän roihahti.
Saan tuntea
ihmisii kivoja
ja monii muistoja
Heklusta mä saan.
Kun laulan Heklusta
kun laulan Suomesta
Tsunami-laulu on sopiva.
Se laulu kuvaa rakkautta
Oh, sen voimalla
muuttuu mun maailma.
Kun pitää luopua
täst Heklusta
ja aika laukut pakata.
On tsunami lyönyt
on sydän arpea
I know, mä tiedän sen HOO.
Mä haluun sanoa
et uskalla
sä tarttua
sun unelmiin.
Ja tärkeintä on
olla hymy mukana.
Hymyssä voima, voi
haavat se paikata.
Ja maailmassa
Ei mikään oo ennallaan
Tsunami Heklun
Hirokia töytäisee.

フィンランドのことを歌うとき
TSUNAMI の歌を歌いたい
愛を描き出すその歌が　その力が　僕の世界を変えていく
Heklu から離れる覚悟を持って　荷物をまとめるときがきた
TSUNAMI は心に深い跡を残したけど　わかってる　そんなこと僕だって
君に言いたいんだ　勇気を持って　夢を手放すなと
一番大事なのは笑顔　笑顔が TSUNAMI の傷を癒やすから

世界はもう変わり始めてる
TSUNAMIが「ヒロキ」ここでの僕を
外へ　押し流していく

サウナでの送別会

クリスマス会でのエピソードもさることながら、1年間にわたる勤務を終える1月に入ってから、先生方との関係性はグッと深まっていきました。フィンランドでは、長年在籍している先生の退職時には盛大にお別れパーティーをすることもあるようですが、基本的にはあっさりとメッセージカードを渡す程度で、最後のお別れを迎えることが多いようです。しかし、今回は私のために送別会を企画してくださり、先生方と楽しい時間を過ごしてから高校を去ることができました。

それはフィンランドならではの、みんなでサウナに入り、その後レストランへ行くという送別会でした。この日は水曜日だったにもかかわらず、仕事終わりに20名以上の先生が参加してくださり、みんなで一緒にサウナに入り、さらに凍った海で泳ぎました。

ヘイディ先生とのサウナでの約束

このサウナの送別会を企画してくれたのが、ヘイディ先生でした。さかのぼること8ヵ月前、コテージを貸し切っての飲み会のときに、サウナのなかで私たちは仲良くなりました。それまで一緒に勤務してはいましたが、学校では全く関わる機会がなく、ほぼ初対面でサウナで出会いました。「サウナは好き？　ちょっとサウナストーブに水をかけてみて」と言われ、水をかけた私に対して、「めちゃめちゃうまいね！　もうこれはフィンランド人だわ！」という誉め言葉をもらい、一気に距離が縮まりました。「あなたが日本に帰る前にサウナパティーをしましょう！　私はいいサウナを知っているの。必ずやろうね！」という約束まで交わし、それからというもの、私たちは学校で会うたびに笑顔で会話し、サウナはいつにしようかといつも言い合う仲になりました。

こうした流れで、今回の送別会inサウナが企画されたのでした。ヘイディ先生の明るさとポジティブな空気感が他の先生方を巻き込み、たくさんの先生が集ってくれました。

サウナから出て、彼女に感謝の思いと、約束を果たしてくれたことへのお礼を伝えると、彼女はこう答えました。「あなたとの約束を果たせて嬉しいわ。知ってのとおり、サウナで交わされた約束はすべて神聖なものよ。そして今、これが私たちが一緒に座る最後のサウナではないことを約束しましょう。あなたは一日も早くフィンランドに戻ってくる必要があるわ」。さらにレストランでの乾杯では、「フィンランドでは敬称をつけずに下の名前で呼び合うけれど、日本では名前に〝さん〟をつけて呼ぶのよね。今日、私はあえてヒロキ〝sun〟と呼びたいわ。いつも笑顔でポジティブなエネルギーに満ち溢れていたあなたの姿は、私たちにとって太陽そのものだったから」という最高の言葉をいただきました。

彼女自身のあり方が、美しい言葉や行動にも表れている、そんな魅力を日々感じていました。サウナで巡り合った2人が織りなす、神聖なストーリーだと感じています。

誰よりも明るくポジティブなパワーをくれたヘイディ先生

2 他者との関わりで大切にしたいこと

「ノープロブレム」が生んだ出会い

フィンランドでの勤務初日、暗闇での恐怖体験

私の初勤務の日、とても印象に残る出来事がありました。それは学校で起きたエピソードではありません。家を出発し、まだ外が真っ暗な中をバス停に向かっているときのことです。何やら気配を感じ後ろを振り返ると、何かが猛スピードで私の方へと走ってきました。近づいてくる黒くて大きな生き物と、女性の声。数メートルの位置まで近づいてきたとき、「大型犬が私に飛びかかろうとしている」ことに気づきました。

暗闇の中、目を光らせた獣が猛スピードで近づいてくる恐怖は計り知れず、「おお、これが海外か」と思う一方、なんとおっかないところに来てしまったのかとも思いました。フィンランドでの初勤務の日の出来事だったからなおさらです。

幸い、お尻を甘噛みされた程度で、痛みやケガは全くなく、飼い主の女性が本当に申し訳なさそうに謝る姿に、私は笑顔で「ノープロブレム」と答えました。私の当時の英語レベルでは、恐怖を伝えることや、文句を言うことはできなかったということもありますが、そのときは不思議と怒りもなく、「ノープロブレム」という言葉とともに、笑顔でその場を終えました。

広い心と笑顔が生活を豊かにする

その週末、私は外出先からバスで帰り、家へ向かって歩いていました。すると、後ろに気配を感じ、「また犬か!?」と思ったところ、駆け寄ってきたのは女性でした。「もしかして、先日犬に襲われませんでしたか?」と聞かれたので、「ああ、私です!」と答えました。そうです、あの犬の飼い主の女性だったのです。改めて深い謝罪の言葉をいただきながら、家に向かって一緒に歩いていくと、なんとお隣さんだということがわかりました。

彼女はベルギー人で、デンマーク人の夫と、子どもが3人いると教えてくれました。そんな身の上話をしながら帰り、彼女と別れて家に到着した私は、ドアに鍵を入れた瞬間異変に気づきました。なんと、家の鍵穴に学校の鍵を差し込んでしまったのです。鍵はピクりとも動かず、それに加えこの日ホストマザーは友人の誕生日会に出かけており、私は寒空のなか、立ち尽くすことしかできませんでした。

30分くらい一人で格闘しましたがどうにもならず、意を決して先ほどのお隣の方に助けを求めることにしました。彼女はいろんな工具をもってきてくれて、何とか鍵を抜こうとしましたが、全く動きません。私たちは仕方なく諦め、ホストマザーが帰宅するまでお隣さんの家にいさせてもらうことになりました。さまざまな偶然が重なり、結果的にお隣のお家でお茶をすることとなり、おまけにベルギー人の彼女から手作りベルギーワッフルまでいただくことになりました。この出来事以降、家族共々仲良くなり、引っ越しをして住む場所が離れてからも連絡を取り合い、デンマーク対フィンランドのサッカー公式試合を一緒に観戦に行ったり、私の送別会にも家族みんなで来てくれたりしました。

犬に襲われた恐怖のあの日から始まった出会いが、その後のフィンランド生活を豊かなものにしてくれるとは、そのときは予想だにしませんでした。もしあのとき、襲われた恐怖から自分が暴言を吐いていたらと思うとゾッとします。改めて、多少のことには「ノープロブレム」で対応する広い心をもつことと、笑顔で接することの大切さを学びました。

語学力よりも大切な笑顔の力

みなさんは海外生活をしたいと思ったことはありますか？　そう思っても、次には「私の語学力で大丈夫かな？」との思いが浮かぶ方が多いのではないでしょうか。確かに語学は堪能であるに越したことはありませんし、自分の思いを流暢に話せることは、コミュニケーションにおいて大切な部分ではあります。

けれど、フィンランドで生活するなかで、語学力はあくまでコミュニケーションのツールであり、まずは相手に受け入れられたり、この人と話したいな、この人のことを知りたいなと思われたりするほうが大切であると感じてきました。いくら〝語学力〟という武器をもっていても、相手との関わりをもてなければ、使う場面すらないのです。その意味で、私が考えるコミュニケーションにおける最強の武器は、笑顔であると確信しています。

とにかくまずは笑顔、そのあとは相手のテンションに合わせて、嬉しいときは相手よりも喜び、悲しいときは相手より悲しい表情で接します。これを繰り返していくうちに、自然とコミュニケーションの扉が開いてきます。どれだけコミュニケーションの方法論を学んで実践するよりも、この最もシンプルな方法に勝るものはないと思います。

語学力に自信がないと、その自信のなさが硬い表情をつくり出してしまうという悪循環もあります。その点では語学力は大切かもしれませんが、自信がなくともとりあえず笑顔で関わっているうちに、「この人の語学レベルはこの程度だけど、なんだかおもしろそうだし、話したいから何かいい方法を考えよう」となっていくことも多いのです。臆することはありません。語学を習得する前に、まずはご自身の笑顔を磨いていってください。

Second meet の大切さ

出会いを次につなげる

書店に並んでいる書籍を眺めていると、「第一印象の大切さ」について述べられた本がたくさんあります。それだけ、第一印象が相手に与える影響が大きいことはいうまでもありません。私もそれについては肯定的に思っていますし、ここまで述べてきたとおり笑顔で関わることを大切にし、初対面ではとくに自分の表情に意識を向けています。一方で、初対面はその人との関係性構築のスタートラインではありますが、私が本当の意味で大切にしてきたのは、初対面の次に会う機会である〝Second meet〟です。これは、とくに生徒との関わりのなかで意識していたことで、出会いを次につなげるということです。

一度、授業などで関わったことがある生徒と、次に廊下ですれ違ったとき、これこそまさに〝Second meet〟です。このときに声をかけず素通りしてしまうのか、「やぁ、元気？次は何の授業なの？」と笑顔で声をかけるかで、今後の運命が決まります。言わば、芽生えた関係性が、終わりを告げるのか、次の扉を開くのかということです。

ここで声をかけなかった生徒とは、今後関係性を築くのはむずかしいですし、少し関わったことがあるだけの関係に終わってしまいます。このタイミングでコミュニケーションをとることで、その一歩は今後の長きにわたる関係構築へとつながっていきます。Second meetではまだ関係性ができていないので、話しかけるのは少し勇気がいるかもしれませんが、満面の笑みで、他愛もない会話を投げかけるだけで未来が変わるのです。

Second meet以降は、すれ違うときに手を振るだけでもいいですし、時間があるときには会話を楽しむなど、リラックスした関係を築いていくことができます。私が、世代も言葉も違う生徒と心を通わせられたのは、Second meetに意識を向けたおかげであることは間違いありません。これはみなさんのどの場面でも当てはまるものだと思いますので、初めて会った人と関係性を築いていくなかでぜひ参考にしてもらえると嬉しいです。

再会の機会を自らつくる

Second meetは、生徒とのことだけではありませんし、初対面から2回目の出会いのことだけでもありません。一度、関係性をつくったうえで、もう一度（わざわざ）会いに行くということもまた、これに当てはまります。

フィンランドに行ってよかったことの一つに、日本にいるとなかなか出会うのがむずかしい、ヨーロッパの国の先生方と知り合うことが多いということがあります。

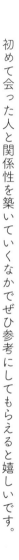

チェコから1週間の研修で来ていた先生とは、毎日同じ生物の授業に参加し、年齢が近かったこともありすぐに打ち解け、チェコの教育事情や日本の教育事情について議論を交わす仲になりました。さらに、仕事終わりに寿司ブッフェに行ったり、サウナに行ったりと交流を深めました。彼が帰国する際には、「チェコまで会いに行く」という約束を交わし、4ヵ月後のクリスマスの時期に、それを実現しました。

また、ポーランドから修学旅行の引率で来ていた先生とは、まさかのグダンスク（1章を参照）の学校に勤めているという奇跡的なご縁も重なり、再会を約束しました。ちょうど日本に帰国する前の2週間、グダンスクの幼稚園で研修をすることが決まっていたので、そのタイミングで学校を訪問することとなったのです。そこでは、フィンランドで仲良くなったポーランド人の生徒とも再会し、約束を果たす喜びと再会の嬉しさに酔いしれました。

このように、「ここぞ」という人との出会いや、このご縁は一生大切にしたいと思えることがあったときには、多少無理をしてでも、Second meetを大切にするのが大事だと思っています。一度の関係ではなく、「このもう一度」の再会こそが、今後の人生においてより強固で深い関係性へと導いてくれます。その意味でも、私が近い将来に改めてフィンランドを訪れることはいうまでもないことです。

フィンランド人が愛する地元サウナにて、チェコから来た先生をおもてなし

スウェーデンでの大切な時間

北欧のフィンランドに行くにあたり楽しみにしていたことの一つに、スウェーデンの幼

稚園で校長先生をしている田中麻衣《たなかまい》さんにお会いすることがありました。麻衣さんとは、『非認知能力を伸ばす実践アイデアブック』（東京書籍）で共著者として関わらせていただいた間柄です。フィンランドに来て2ヵ月が経った頃、スウェーデンを訪れました。フィンランドとはまた違った美しい色合いの建物や、北欧一といえる大きな街、ストックホルムに心躍りました。

自分の価値観が変われば、見え方も変わる

フィンランドに来た当初の私は、長年海外で生活されている麻衣さんに、「海外で生活するなかで気づいたことは何ですか？」とたずねました。さまざまな視点から答えをいただいたのですが、最も印象に残っているものに、「フィルター」の話があります。

それは、人は物事や出来事を見るとき、必ず自分の価値観という名のフィルターを通して見ており、自分の価値観が変われば、物事の見え方も変わってくるというお話です。麻衣さんはスウェーデンに来て、人種も国籍も違う方々とたくさん出会うことで、いろんな価値観に触れてきました。そのなかで良好な関係を築くうえで、言葉や行動の背景にある互いのフィルターをリスペクトする大切さを教えてくれました。

笑顔でいることがポジティブな出会いにつながる

さらに、他者は自分を映す鏡であるということも話してくれました。このことは、私も日本にいた頃から感じてはいましたが、言葉が通じないフィンランドに来て、よりいっそう感じるようになりました。自分がリスペクトをもって接すれば、相手もリスペクトをもって接してくれます。逆に、自分が相手のことを好ましくないと思っていれば、それは知らず知らずのうちに相手に伝わり、相手もまた自分に対して好ましくない態度で接してくるように感じます。

幸いにもフィンランドでの1年間は本当に素敵な人に恵まれ、その人たちからプラスの影響をもらいました。日本にいたとき以上に自分自身を省みる機会が多くなり、他者に対してプラスの影響を与えられる人であろうと意識しました。それは、毎日笑顔で過ごすこと、ポジティブな言葉を積極的に発すること（フィンランド語はポジティブな言葉から覚えていきました）、相手の状況に合わせたリアクションをすることなどです。

そうすると、類は友を呼び、自分の周りにはポジティブな方がたくさん集まってきてくれるようになりました。いえ、集まってもらったというより、私自身が無意識のうちにそのような方々と積極的に多くの時間を過ごすようになっていたのかもしれません。いずれにせよ、自分がどのように振る舞うかで相手の接し方も変わる、まさに他者は自分を映す鏡ということです。そしてその鏡は、汚れていたり、くもっていたりしてはいけないことも最後に付け足しておきます。

家族との時間を大切にする

家族との食事や休暇を楽しむ

関係性は、同僚や友人との間に生まれるものだけではありません。フィンランドでとくに感じたのは、家族との関係性、家族を大切にするということです。もちろん家庭によって違いはありますが、多くの家庭が休日のディナーは家族がみんなそろって食べるというケースが多いようです。

私のホストファミリーも、家族みんなでディナーを楽しむことを大切にしていました。さらに、毎日17時頃に夕食を食べた後、22時頃に再度家族全員がそろい、コーヒー片手に、夜食スナックとしてパンやクッキー、チョコレートを食べるという時間も設けられていました。そこでは、食事を楽しむこと以上に、家族の会話に最も重きが置かれていて、リラックスした雰囲気のなか、家族が一緒に過ごしていました。

私も、初めのうちは、すでにお腹がいっぱいだったり、眠気に襲われていたり、自分のしたいことを差し置いて集まらなければならなかったりすることが大変でしたが、彼らの文化、家族のルールをリスペクトしているうちに、だんだんと慣れていきました（22時にお腹いっぱい食べることで、見事に体重は増量しましたが（笑））。

長期休暇になると、都市部を離れて、湖畔近くや海岸沿いのサマーコテージで過ごす家庭が多いです。私も、ホストファミリーが所有するサマーコテージに何度も連れて行ってもらい、リラックスに満ちた極上の時間を過ごしました。

ビールやマッカラ（ソーセージ）、チキンやサラダを買い込んで、サマーコテージに到着すると、まずはサウナの準備から始めます。斧で薪を割り、サウナへと運び、火おこしをするのです。いよいよサウナ内が温まると、ビール片手に一人きりでサウナを満喫します。そしてその後は海にドボン。これはぜひみなさんに体験していただきたいですし、公衆サウナとは違う、個人所有のサウ

陽が沈まない夏のフィンランドで、静かな湖畔で泳ぐのはこのうえなく幸せな時間でした

ナの魅力もまた最高のものです。サウナの後は、みんなでBBQを楽しんだり、海辺でコーヒーを飲んだりします。手こぎボートを海に出して釣りを楽しみ、釣った魚がすぐにテーブルに並ぶ日もありました。夏の場合は23時を過ぎても薄明るいので、明け方まで外で語り明かした日のことも忘れられません。

家族で過ごすフィンランドのクリスマス

フィンランドの家庭で最も大切にされている日は、クリスマスです。ヨーロッパの多くの国では、12月に入ったタイミングからクリスマスを今か今かと待ちわびる雰囲気が一気に高まってきます。町ではイルミネーションが点灯し、いたるところでクリスマスマーケットが始まり、ホットワインやサーモンスープで体を温めながら、美しい寒空の下で友人たちと過ごすのです。

そんなクリスマスですが、友人や恋人と過ごすのは23日までです。多くの家庭は24日から26日を家族で過ごします。日本では恋人たちのクリスマスのイメージが強いですが、フィンランドでは家族で過ごすためのクリスマスという位置づけになっています。私も、ホストファミリーや、その兄弟のファミリーとクリスマスディナーを一緒に過ごし、スモークサーモンや、クリスマスに伝統的に食べるミルク粥、大きなハムをいただきました。一年の終わりが近づき、大切な人とゆったりと過ごす、このうえなく幸せな時を過ごしました。

フィンランドの大晦日の夜は、18時を皮切りに、一晩中あちらこちらで打ち上げ花火が夜空に舞う幻想的な雰囲気と、花火の爆発音が響き渡るという、まさにお祭り状態です。正月というものはなく、1月1日から5日は冬休みではありますが、スキーを楽しんだり、家でゆっくり過ごしたりします。フィンランドでは、このような文化の違いも楽しむことができました。

日本では日々の忙しさに追われ、家族とゆっくり過ごす時間を取ることもむずかしかったのですが、フィンランドに行ってから、改めてこの時間の大切さに気づくことができました。家族という一番身近な存在を大切にすることができてこそ、さらには良好な関係性が築けてこそ、同僚や友人とも豊かな時間を過ごせるようになるのだと思います。日本にいた頃は、時としてその順番が入れ替わってしまっていましたが、フィンランドでの1年はそんな自分が変わる大きなきっかけを与えてくれました。

私たちが見たヒロキ〜フィンランドからの証言〜

ペトリ（Petri）

●困ったときにはいつも隣にいてくれる親友

●クールでシャイな一面も（詳しくは4章に）

私が初めてヒロキと出会ったのは、2023年2月初旬、ヘルシンキ国際高校の職員室でした。彼はにこやかでしたが、その時はまだ少し場に馴染んでいないように見えました。私も以前海外に住んでいて、同僚と個人的なつながりを築くことの大切さを知っていたので、その週の金曜日、学校のダンスパーティーの後、彼をバーに誘ってみました。そこで、彼がフィンランドでビールやサウナを楽しんでいることや、楽しい仲間と過ごしていること、そして彼が楽しみを見つけるのがとても上手なことを知ったのです。

帰国するまでの1年で、彼はたくさんのサウナを訪れ、私のお気に入りの無料サウナにも私以上に頻繁に行っていました（帰国の直前にはすてきなサウナを教えてくれました）。外国からヒロキが来たことで、自分の故郷や国のよさを改めて知ることができました。

夏休みを迎える直前には、バーベキューとサウナを一緒に楽しもうと、ヒロキとバルッテリが同僚として初めて私のアパートにやって来ました。

フィンランド国会を訪問する公民授業で、彼は生徒たちの引率を手伝ってくれました。その日の仕事を終えた後、バーのテラスでビールを片手に、私は彼にヘルシンキの夏のおすすめのすごし方や行ってほしいところなどを伝えました。彼は私の想像以上にフィンランドで新しいことを発見していましたし、ヨーロッパでの時間を最大限に活用して旅行もたくさんしていました。

夏休みも終わりに近づき新年度が始まる直前、私たちはヘルシンキ東部沖合にある小さな島に探検に行きました。晴天にめぐまれ、島もとてもよかったのですが、残念なことにサウナが清掃中だったので、改めて訪れようということになりました。そのとき、ヒロキはすでに新しい計画を立てていました。10日後に彼の妻と2人の友人がヘルシンキを訪れることになっていて、彼らを島に連れて行くことにしたのです。

天気は理想的とはいえませんでしたが、2回目の島への訪問も大成功でした。日本から来たとても素敵な人たちと出会い、バーベキューをして、フィンランドの人気の夏のゲーム「モルック」を日本人がどれだけ上手にプレーするかを知ることもできました。

ヒロキは、同僚との飲み会ではきまっていつもカラオケを披露しました。私たちとの最初の夜、全職員によるクリスマスパーティー、帰国する最終勤務日の後の送別会。そして私が忘れられないのは、9月の私の誕生日パーティーでお祝いに歌ってくれたことです。

フィンランド語のレッスンを続けるなかで、彼はフィンランドのソウルソング「Pohjois-Karjala」など、フィンランドの歌を上手に歌えるようになりました。秋学期の終わりには、教員の1人が、高校でのエピソードや彼の思いを込めてフィンランド語で作詞した、日本の名曲「TSUNAMI」を全校生徒の前で思い出に残るように歌いました。ある生徒はネット上で「ヒロキは全世界に値する（かけがえのない存在）」とコメントしました。

生徒たちが他の教師に対するよりもフレンドリーな態度でヒロキに話しかけているのをよく見かけましたが、これは間違いなく彼の笑顔と親しみやすい性格ゆえでもあります。ある日の午後、彼からおいしいお好み焼きづくりを学ぶため、学校の調理場に多くの生徒がやって来ました。1週間前に彼が私に手順を教えてくれたので、経験の浅い私も手伝うことができました。

日本の新しい職場でも、彼はきっとすぐに子どもたちを魅了することでしょう。彼のフィンランドでの1年はあっという間に終わってしまいましたが、少なくとも私たちと同じくらいたくさんの人が、日本で彼の帰国を心待ちにしていたと思います。私自身、10月に彼を、そして日本を訪ねることをとても楽しみにしています。

ペトリの40回目の誕生日を一緒に祝いました

サンポ (Sampo)

●日本語学習に熱心で、いちばん仲良くなった生徒

ヒロキが私たちのクラスでしてくれた日本語の授業は、今でも私のお気に入りの授業のひとつです。彼が漢字の書き方を教えてくれたり、私が「母」という漢字を筆で書いたものを褒めてくれたことを今でも覚えています。彼の自己紹介のプレゼンテーションもとてもおもしろかったです。

教室の外で日本語を話す機会があまりなかったのですが、校内でヒロキと日本語で話すことができたことで、自分の会話のスキルに自信をもつことができました。とくに、2年生の終業式の日にランチを一緒に食べながら、スポーツのことや夏休みのお互いの計画について楽しく話し合った日のことを今でも思い出します。

Hekluの他のメンバーも同じだと思いますが、ヒロキは学校の一員としてすっかり溶け込み、彼がいなかった頃を思い出すことができないほどです。彼が行くところでは、生徒も教師もすぐに笑顔になります。

冬休み前のパーティーで、1月の学校再開後すぐにヒロキが日本に帰国することが発表されたときは、みんな驚きました。彼が帰国することは事前に知っていましたが、サプライズで披露されたTSUNAMIの公演に涙が出そうになりました。

ヒロキはとても明るくて誰に対してもフレンドリーで、彼が1年間学校に来てくれたのは本当に最高でした。彼は間違いなくHekluの生徒と教師たちにとって、欠かせない存在です。

生徒でもあり、時には親友でもあったサンポ

5章

自分軸

自分軸

あなたは今、胸を張って「自分の人生を生きている」と言うことができますか？

かつて中学校教員時代、生徒たちに「自分の人生を自分の意思で歩み進めてほしい」と伝えていたとおり、私自身が自分の意思で歩みを進めたのがフィンランドでのこの1年間でした。最後の章では、「自分軸」をキーワードにお話ししていきたいと思います。

ここで言う「自分軸」とは、自己中心的に自分だけがよければいいという考え方や、自分の力だけで今があるというような自分本位で他者への感謝を欠いた状態を意味するのではありません。他人のせいにしないことや、他人の人生を生きているかのような生き方をしない、いわば自分の人生の主人公は自分であり、自分で自分の人生のストーリーを描いていくということを指しています。

ラストテーマとなりましたが、最後までお付き合いいただけると嬉しいです。

1 自分で選ぶ

自分の人生を選択するということ

高校卒業のタイミングは自分で選ぶ

フィンランドでは、年に2回、高校卒業試験のタイミングがあります。卒業する年の春に試験を受ける生徒が多いですが、受験する時期は本人の意思に委ねられています。2年目の秋に受験する生徒もいれば、4年目に受験する生徒もいます。どのタイミングで受験するのか、どのタイミングで卒業するのかは自分で決めるということです。

卒業試験は全国的に行われ、受ける科目も科目数も自分で決めることができます。最低4科目で、一般的には7科目受験する生徒が多いようです。朝9時にスタートし、15時までぶっ続けで1科目の試験が行われます。生徒たちは、お弁当や糖分補給のためのチョコレートやキャンディ、エナジードリンクなどを持ち込んで試験に臨みます。まさに、死闘が繰り広げられるのです。ちなみに、試験はすべてパソコンを使って行われ、当該校の教科担当者がまず初めに採点し、その後国にデータが送られ、再採点と不正がないかのチェックがされているようです。

卒業式も春と秋の年に2回行われます。学校行事のなかでも特別大きなイベントであり、親も招待されます。この卒業式で、一人ひとりに美しい白い帽子が手渡されます。毎年5月1日のメーデーに行われる、「Vappu（ヴァップ）」という春の到来と労働者の権利を祝うためのお祭りには、多くの人がこの白い帽子を被って街にやってきます。これは、フィンランドの伝統であり、みなが大切にしている文化です。お祭りでは、多くの人々が街頭でパレードをしたり、家族や友人とピクニックを楽しんだり、お酒を飲んだりします。

なお、高校を卒業することは親元を離れることを意味するケースも多く、18歳で成人を迎え、一人暮らしを始めて自立していきます。

「みんな違って、どうでもいい」

フィンランドでは、自分の人生は自分で決めること、そして自立した人に育つことは、とても重要視されているように感じました。それは、「私の人生は私の人生、あなたの人生はあなたの人生」ということでもあります。

フィンランドに長年住んでいる日本人の方に、フィンランドに来た当初こんな話を聞きました。「日本では『みんな違ってみんないい』だけど、フィンランドでは『みんな違って、どうでもいい』だよ」と。聞いた当初は、意味がよくわからなかったのですが、フィンランドで暮らしていくうちに、私もその感覚がわかるようになっていきました。「みんな違って」は、他者へのリスペクトを表し、「どうでもいい」は、あなたはあなた、私は私ということです。リスペクトはするけれど、他人の人生に干渉はしない、あなたはあなたでいいし、その代わり私も私で自分の思うようにするということです。言い換えると、緩やかな人間関係と、守られた個人主義とでもいえるでしょうか。このように、一人ひとりが自立していくこと、自分の人生は自分で決めて自分で歩みを進めていくことが非常に重要視されているのです。

そうは言うものの、自分の人生を決めるのはなかなかむずかしいものです。だからこそ、幼い頃から「あなたはどうしたいの？」という言葉かけや、可能な限り自己決定の場面をもつことを大切にし、どれだけ年齢が低くても一人の人としてリスペクトするということが浸透しているのだと思います。

また、学校現場でも、子どもたちが自分の進路選択をする際に、相談できる大人が身近なところにいることが大切になります。フィンランドには、「キャリアカウンセラー」と呼ばれる職種の先生が学校で働いていることが多く、キャリアについての相談の扉はいつでも開かれています。このキャリアカウンセラーは、小学校高学年段階から活用されることが多く、中学校、高校では欠かすことができない重要な役目を担っています。

多種多様な進路選択が当たり前

高校卒業後の進路として、大学や職業学校に進学する場合もありますが、フィンランドでは18歳から30歳の男性（女性は志願制）が6ヵ月から12ヵ月にわたる徴兵の対象となっていることから、高校卒業後すぐに兵役に就くケースや、大学在学中に就くケースもあります。ほかにも、一年間のギャップイヤーをつくってヨーロッパ中を電車で巡ったり、遠く離れた国でボランティア活動に打ち込んだりする人もいます。

このように、多種多様な進路選択が当たり前であるからこそ、高校を3年で卒業して、ストレートで、もしくは1浪して大学に進学するのが「定番」である日本とはまた違う背景があるといえます。フィンランドは授業料が無償ということもあり、大学や大学院で学び直しをする人も多く、違う年齢の人と一緒に過ごす機会も多くあります。

このように、自分の進路は自分で決めますし、「みんなこうしているから、自分も同じようにしよう」という、思考停止の選択をすることはほとんどありません。日本での研究ですが、「自分の人生を自分で選択することは、幸福感にもつながる」という研究結果※もあるそうです。一度きりの人生を自分の意思で決めるからこそ、豊かなものになっていくのではないでしょうか。

※西村和雄／八木匡「幸福感と自己決定—日本における実証研究（改訂版）」独立行政法人経済産業研究所、2020年6月

人と比べるのではなく、過去の自分と比べる

「自分はどう思うのか」が大切

フィンランド人の友人と話をしていると、「あなたはどう思うの?」とよく聞かれます。人がどうかには関係なく、私自身がどう思うか、どう考えるかについて意見を求められました。日本人のよくあるマインドとして、「みんなと一緒なら安心」「人の意見に流され

る」などがあげられますが、フィンランドでは「個」にフォーカスが当てられ、その人自身の考えがリスペクトされていることを感じました。

そんな環境で生活していると、不思議と「自分」を軸として考えをもつというマインドになりましたし、人と比較するのではなく、自分自身と比較するようになっていきました。

過去の自分を恥ずかしいと思える〝今〟の自分になる

あるフィンランド人の友人が、「僕は、いつも過去の自分と比べているよ。過去の自分の言動や行動を振り返ったときに、今の自分が目も当てられないくらい恥ずかしい（青臭い）と思えるかどうかを大事にしているんだ。恥ずかしいと思えてこそ、成長している証だと思ってる。まさに今の自分も、未来の自分から見て恥ずかしいなって思えるように成長していくことを願っているしね。ここで大事なのは、今その瞬間も、そのときに可能な限りの全力を尽くしているということ。でないと未来から見て本当の意味で恥ずかしいなとか、青臭いなとか思えないから」と熱く語ってくれたことがありました。

私も彼の考え方にはとても共感し、今を全力で生きることの大切さ、そして過去の自分と比較して今の自分の成長を感じることを続けていこうと心に決めた瞬間でもありました。

この本に書いたことも、数年後読み返したときに、「あの頃の自分はまだまだ何もわかっていなかったな」と笑い飛ばせるような生き方をしていきたいと思っています（もしかすると、そのために今、全身全霊をかけて全力で文章を綴っているのかもしれません）。

いつまでも同じ話ばかりしていたり、過去の変えられないことを嘆いて文句を並べたりするのではなく、自分自身がどうありたいのか、どう生きたいのかを常々省みることが、しっかりとした自分の「軸」をつくることにつながっていくのではないかと〝今〟の私は思っています。いずれにせよ、今の自分を全力で生きるしかないのでしょう。

2 自分を知る

本当に大切なものに気づく

フィンランドに来て8ヵ月目、私にとって待ちわびた瞬間が訪れました。夏休みを利用して、日本から妻の由貴がフィンランドに来てくれたのです。久しぶりに彼女と会った瞬間は、少しの照れくささと、大きな喜びに満ち溢れていました。彼女にとって初めての海外旅行で、不安もあったと思いますが、わざわざ会いに来てくれたことは本当に嬉しかったです。さっそくホストファミリーとも合流し、みんなで会話を楽しむなかで、言葉が通じなくとも満面の笑顔で日本語をおり交ぜながら会話を成立させていく彼女の姿に、私は尊敬の念をいだいていました。

大きな支えへの感謝

私の出国前、「結婚しているのに一人でフィンランドに行くんですか？」とか「奥さんがいるのに仕事を辞めて大丈夫なんですか？」とたくさんの方から心配していただきました。確かに、離れて生活することになりますし、公務員を辞めることも事実です。ただ、私からすれば、これは私たちの話であり、そっとしておいてほしいというのが本音でした。

しかし、そんな周りの声を尻目に、彼女は私のフィンランド行きに何一つ文句を言うことなく、むしろ背中を押してくれました。もちろん、1年間一緒に生活ができなくなる寂しさはあったと思いますが、それ以上に私がしたいことを第一に考え、そのことを一番に優先してくれたのです。

もし逆の立場だったら、自分が彼女のような振る舞いをできたかという問いに、胸を張ってYESと言うことはできません。彼女が私のことを思い、それほどまでのことを決心してくれたことへの感謝の思いは尽きることがありません。

こうして日本から支えてくれている人がいたからこそ、フィンランドで泣き言なんて言っている場合ではありませんでしたし、何一つ後悔を残すことなく、すべて満足がいくまでやりきって帰国せねばならないと感じていました。

帰国してみるとあっという間の1年でしたが、彼女にとってはこのうえなく長い1年だったと思います。フィンランドという、日本から遠く離れた場所で生活をしたからこそ、自分が本当に大切なものに気づくことができましたし、大きな支えがあったことを一生忘れてはならないと心に誓うことができました。

妻とフィンランドの美しい小さな町ポルボーにて

自分を知るということ

自分はどんな人間か、どうありたいかを考える時間をもつ

日本にいた頃の生活は時間に追われる日々でした。土日も部活動があるなかで数少ない休みの日も友人と飲みに行く予定を入れることが多く、心身ともに休むことができていなかったように思います。それもあって、ゆったりとした時間が流れるフィンランドに身を置いて、ぼんやりと自分のことについて考える機会をたくさんもつことができたのは、とてもよい経験となりました。自分はどんな人間で、どんなことが好きで、どうありたいのか、日々そんなことを考えていました。

フィンランドでの生活のなかで好きだったのは、「職員室の雰囲気」と「職員室にいる自分」でした。毎休み時間にコーヒーを片手に先生方と談笑していたあの時間、ぼんやりとコーヒーを飲みながら、楽しそうに会話をしている先生方の様子を眺めていたあの時間が本当に好きでした。

そんな時間を重ねるなかで、自分のこれまでとそのときの気持ちを照らし合わせ、「自

分はきっと、組織のなかで過ごすのが好きなんだな。そして、組織のなかでこそ自分のよさが一番発揮されて輝くことができるのだろうな」と思うようになりました。

過去・現在・未来を考えることが次の自分につながる

8年間勤めた中学校教員を辞め、教育コンサルタントとして個人で働いた後、フィンランドへやってきました。個人で働いていたときは時間の自由が利きましたし、どの場所で働くことも可能でした。そういった面ではすごくよかったのですが、私は心のどこかで、一人で働くことに寂しさを抱いていたのかもしれません。

思い返すと、中学校教員時代に組織の一員として働いていたときは、考え方や性格がなかなか合わない方もいましたし、同僚全員と仲が良かったわけでもありません。しかし、そんななかでも、同じ方向を向いてチームとして力を合わせてきたあの時間が好きだったのだなと感じるようになっていきました。

そんな思いと、目の前に広がるヘルシンキ国際高校の職員室の雰囲気とがシンクロし、本当の自分の気持ちに気づきました。

自分を知るということはそう簡単なことではありませんが、ちょっと立ち止まり、過去に思いを馳せ、今を見つめ、未来を思う、そんな豊かな時間を過ごすことができたのは、とても大切なことだったとしみじみと感じます。このフィンランドでの時間があったからこそ、自分の次なるチャレンジへと歩みを進めることができたと言っても過言ではありません。

フィンランドがくれた〝再会〟

母校・恩師との偶然すぎるつながり

「世界は広いというのか、狭いというのか――」そんなことを思わせてくれるエピソードがありました。私が初めてヘルシンキ国際高校を訪れて、今後についての最初の打ち合わせを行った日のことです。

その打ち合わせのなかで、「実は、私たちは東京と大阪に姉妹校があるの。2ヵ月後に生徒を連れて日本を訪れることになっているの」と言われました。インターネットで事前に調べていたので、東京の昭和女子大学附属高校と関係があることは知っていましたが、大阪にも関係のある高校があることはそのときに知りました。「大阪の高校は、なんという高校ですか？」と尋ねたところ、「大阪府立天王寺高校」という答え。それは、まさかの私の母校だったのです。

さっそく担当の先生が天王寺高校に連絡したところ、なんと窓口の先生が、私の高校1年時の担任の先生の武井先生だったのです。日本から遠く離れたフィンランドで、母校の名を、そしてかつての担任の先生の名を聞くなんて思ってもみませんでした。

世界中、あまたある国のなかで、そして数多くある日本の高校のなかで、こんなにもドラマティックなつながりがあるものかと驚愕したことを今でも覚えています。ご縁の神様はきっといるのだろうと思わざるを得ませんでした。

この後、ヘルシンキ国際高校の生徒たちは3月と11月の2度にわたり日本を訪れました。3月にはホームステイも行い、日本文化にどっぷりと浸って楽しい時間を過ごしたようです。私も彼らに天王寺高校付近のおすすめのおいしいたこ焼き屋さんを教えていたので、私の後輩たちに連れて行ってもらうことができたとのこと。また11月に訪れた際には、サンナ校長先生も同行し、武井先生とのツーショット写真が送られてきたのは感動そのものでした。

過去ではなく、今と未来を語り合う

帰国後、武井先生のもとを訪れた際にいろいろな話をしたなかで、「これからの社会では、日本人やフィンランド人というラベリングをするのではなく、ただその人をその人として見ることが大切になるね。そしてリスペクトをもって関わることが大事になるね。」と言われたことが印象に残っています。

さらには、「こうして教え子と話すとき、いつもきまって楽しいのは、過去の思い出話に花が咲くというより、今どうしているかとか、今後どうしていくかという話をしているときなのよね。私も過去の話より、ワクワクする未来の話をするほうが好きだし。」と言っていたように、思い出話よりも今のことや今後のことをたくさん話しました。過去にすがるのではなく、今を精一杯全力で生きる。そして未来に希望をもつ。こうしたマインドが大事であると再認識すると同時に、「日本の教師」とか「日本人」ということは関係なく、一人の人としての武井先生に胸が熱くなったのでした。

フィンランドが私にくれたプレゼントの一つとして、母校、そして恩師との再会に本当に感謝していますし、改めて人生何があるかわからない、そんなおもしろさも同時に感じました。

3 自分で動く

井の中の蛙でしかない

何者でもない自分を自覚する

日本に帰ってきたなと実感させられたことのひとつに「名刺交換」があります。フィンランドで生活する1年間で、一度も名刺交換はありませんでした。初対面のときは基本的に、握手と共に「Minä olen Hiroki.（私はヒロキです）」と言うだけです。名刺の所属や肩書きを確認するなどということもありません。「日本から来た、徳留宏紀」、ただそれだけの立場で関係性がスタートするのです。

日本から飛び出したことで、自分が何者でもないことを自覚することができましたし、「井の中の蛙大海を知らず」状態だったこともはっきりと認識しました。このとき所属や肩書き、これまでの経歴などではなく、「徳留宏紀」という「人」で勝負しなければならないことを明確に感じたのでした。こうなると必然的に自分自身を見つめなおし、自分自身を磨いていくほかありません。肩書きや所属で人をジャッジしない代わりに、直接的に言われることはありませんが「Who are you?」「What can you do for us?」と、常に問われているような感覚でした。

私の場合は、元日本の中学校教員という経歴や、教育系雑誌で連載をしているなどということはいったん脇に置いて、同僚に対して「リスペクト」「ポジティブ」「オープンマインド」を大切に、職場に対して何ができるかを考えて動いていくようになりました。自分だからこそ発揮できる武器で、職場に貢献していくということです。おかげで、フィンランドでも「お祭り男」「宴会担当」を担うことや、明るい職員室の雰囲気づくりに少しは貢献できたと自負しています。

所属や肩書きをとったら、何が残るか

改めて、日本を飛び出すことのよさとして、「自分自身と向き合わざるを得ない」ということをお伝えしたいと思います。日本で暮らすと、どうしても「個」ではない部分にフォーカスされがちですが、日本を出て「自分から所属や肩書きを取っ払ったときに何が

残るか?」という問いに真剣に向き合ったとき、初めて深い自己理解と自己分析ができるのではないかと思います。

そしてその経験が、自分の振る舞い方やマインド、スタンスなどに影響を与えていくのだと思います。この一連の流れを経ることで、改めて謙虚さをもって生きていけるのではないかと、自戒の念を込めてここに記しておきます。井の中の蛙でしかないかもしれませんが、自身を「蛙」と認識することがスタートであり、そのうえで大海でどう生きるかを問うのもまた重要なことなのです。

心の余裕と余白

自然のなかで、等身大の自分で過ごす

フィンランドで生活するなかで、日本で過ごしていたときと決定的に違うと感じていたのは、心の余裕をもって過ごせていたということです。首都ヘルシンキといえど、10分電車に乗れば森が広がっていて、日本に比べて圧倒的に人が少ないです。ただただ自然に身を任せ、夏には1時間のサイクリングで町へ出かけたり、いつもより少し遠回りをして森

の中を歩いて帰ったり、沈まない太陽を眺めながらビーチでビールを楽しんだり、そんな生活を送っていました。また、冬には美しい雪景色に酔いしれ、クロスカントリースキーを楽しんだり、なかなか訪れない春を心待ちに過ごしたりしていました。娯楽が少ないフィンランドだからこその過ごし方かもしれませんが、ありのまま等身大で過ごしていたと感じています。

仕事とプライベートのバランスを上手にとる

殺伐としたところのないフィンランドでの生活は、心に余裕をもたらし、15時に仕事を終え、「今日はこのあと何して過ごそうかな」と毎日を楽しむ余白が間違いなくありました。

よく耳にしたフレーズに、「リラックス」という言葉があります。「冬休みはどう過ごすの？」「週末は何して過ごしていた？」「生活で大事にしていることって何？」これらの質問をすると、決まってみなさんが「リラックス」と答えるのです。

フィンランド人が仕事をがんばっていないのかというと、けっしてそうではありません。ただ、プライベートとのバランスを取るのが非常に上手だなと感じる場面が多くありました。働くときはしっかり働き、休むときはしっかりと休息をとる。このことは、季節を通じてとても感じました。

夏になるとみんなが活気に満ち溢れ、パワーを充電するかのように太陽の光を求めてコテージなど外で過ごす時間が長くなります。一方、冬は比較的家の中で穏やかに過ごし、まさにリラックスの時間を楽しむのです。このバランスが、心にも身体にも本当に心地よく、日本で生活していたときには忘れがちになってしまっていた人間本来の喜びを再認識できる時間でした。

花を贈る喜び

人間本来の喜びでいうと、私は日本にいたときから、持論として「花屋とケーキ屋理論」というものをつくっていました。この理論は、「花屋もケーキ屋もこの世になかったからといって死ぬわけでもなければ、絶対必要かと言われれば絶対とは言い難い。しかし、もしこの世から花屋とケーキ屋がなくなってしまったら、私たちの生活は味気ないものになってしまうし、幸せな瞬間になくてはならないものを失うことへの喪失感は間違いなく大きい。だからこそ、特別な時間・幸せな時間をもっと喜びに満ち溢れるものにしてくれる花屋とケーキ屋はけっしてなくしてはいけない」というものです。あくまで私が感じたありのままの思いに名前をつけただけですが、言いたいことは伝わるのではないかと思います。

ヘルシンキの街では、日本で生活していたとき以上に、花束を手にもって嬉しそうに歩いている人によく出会いました。クリスマスシーズンになると、その手には本物の大きなクリスマスツリーが抱えられていて、これもまた同様に嬉しそうな表情で家路につく姿がありました。きっと、花束やツリーを選んでいるとき、その先にあるプレゼントする瞬間を思い浮かべたり、大切な人を思ったりするのでしょう。だからこそ、それらを手に町を歩く際に、素敵な表情になるのだと思います。

そんな幸せな光景をたくさん目の当たりにすることに大きな影響を受けて、私もホストマザーに日頃の感謝を込めて、定期的に花束を渡すようになっていきました。花屋で、「私を家に連れて帰って」と花に誘われているかのように、どの花を買おうかと花と対話する時間も心満たされるひとときでした。花屋は、まさに私にとって心落ち着くパワースポットへと変わっていきました。こうして私のなかに根付いた大切な人に花束をプレゼントする習慣は、日本でも続けていきたいと思っています。みなさんもぜひ、大切な人を思って花屋に立ち寄ってみるのはいかがでしょうか？

どんなマインドで生きるのか

「気の持ちよう」でポジティブにもネガティブにもなれる

私は、自分のことを「持っているな」と思いますし、「ご縁に恵まれている」とも思っています。しかしこれは、きわめて主観的なことであり、データに基づいているのでもなければ、エビデンスがあるわけでもありません。ましてや人と比較したわけでもありませんし、比較できるものでもないと思います。

ではなぜ、私が自分のことをそのように思えるのかというと、これまでの人生を振り返ってそのように感じることができるからということと、そのようなマインドで生きているからにほかなりません。答えのようで答えではないような気もしますが、それほど表現がむずかしく、感覚的で、自分自身の捉え方によるものなのです。

みなさんの周りには、何かにつけて文句を言っている人や、すぐにネガティブに物事を考えてしまう人はいませんか？　これらも見方を変えれば、「批判的に物事を見られる」や「慎重さがある」と捉えることもできますが、ここでは、よりマイナスなイメージで捉えてみてください。きっとこの人のレンズで物事を見れば、世界はネガティブに見えますし、自分を変えようと日本を飛び出しても、結局その環境について文句を言っている姿が想像できるのではないでしょうか。文句を言っている人はどこへ行っても、何をしても文句を言いがちですし、よいことが起こってもマイナスで物事を見てしまいがちです。私からしてみれば、「人生、損していませんか？」と伝えたいです。

フィンランドで生活するなかで、間違いなくたくさんの素敵なご縁に恵まれてきましたし、奇跡のようなラッキーな出来事にもたくさん出会うことができました。それは、自分のマインドが「ポジティブ」に物事を捉えるからこそ、人一倍たくさん素敵なことに出会えたと感じるのでしょうし、豊かな時間を過ごせたのだと確信しています。「気の持ちよう」とはよくいったもので、まさにそれに尽きるのではないかと思います。

新たな環境に不安をもたない自分への気づき

フィンランドでの1年間を終えて、幼稚園での2週間にわたるトレーニングをするためポーランドに向かうことになりましたが、出発前に何一つ不安はありませんでした。心の底から「ポーランドでもまた素敵なご縁に恵まれるんだろうな」「どんなおもしろいことに出会えるのだろう」と思っていました。日本からフィンランドにわたった1年前には、やっていけるのかと少しの不安を抱いていましたが、フィンランドでの生活を終え、新しい環境に飛び込むことに全く不安を抱かないくらいには成長している自分に気づきました。予想どおり、ポーランドのグダンスクの幼稚園での2週間もたくさんのご縁に恵まれ、子どもたちや同僚から愛されていることを実感する日々を過ごすことができました。

余談ですが、こうしたポーランドでの最高な日々を終えて、すっかりポーランドも好きになった私は、大きな別れの寂しさともう少しポーランドで滞在したいという思いをもって、フィンランドに帰るため空港に向かいました。出発の2時間前に空港入りし、セキュリティチェックを終え、あとは飛行機に乗り込むだけというところまできて、まさかの事件が起きました。ポーランドでの学びを資料にまとめることに夢中になっていた私は、あろうことか搭乗時間を過ぎていることに気づかず、予定の飛行機に乗り遅れてしまったのです（海外の空港で

リーダーのあり方を教えてくれたグダンスクの幼稚園の管理職メンバー

はアナウンスなどはしてくれないケースがほとんどです)。

乗るはずだった飛行機がまさに出発しようとしているのを目の当たりにし、私が真っ先に思ったことは「なんと！　これでポーランドでもう一泊過ごすことができる！」ということでした。嘘のような本当の話で、多少のことでは動じなくなった自分を自覚すると同時に、どんなマインドをもって生きていくかということの大切さを改めて感じたのでした。

行動のその先に

自分の行動を決める判断基準

「徳留さんは、行動力がありますね」とよく言われます。確かに、じっとしていられないタイプではありますし、自分の信じたことに、まっすぐ突き進んでいくタイプではあると思います。ただ、自分のことを行動力がある人間だと思ったことは、不思議とないのです。「もっと知りたい」「本物を見てみたい」という自分の気持ちに素直になって動いているだけで、行動力があるから行動しているのではないということです。

ほかにも「ワクワクするかどうか」「自分自身が魅力的に感じるかどうか」も行動を決

める判断基準になっています。フィンランドに来た当初は、帰国間際にポーランドでの生活が待っていることなど予想もしていませんでしたし、帰国後に奈良県三宅町で認定こども園の園長に就任することなど想像することもできませんでした。ただ、自分の心に正直になり、人生何があるかわからないことを楽しみながら受け止めることで歩みを進めてきたのだと思います。

人生における一生の「Home」をつくりたい

行動力があるから行動しているのか、行動しているから行動力があるように見えるのかについての議論はどちらでもいいとして、私を突き動かすものが「好奇心」や「興味」、「ワクワクへの直感」以外にもあるということをお話ししたいと思います。

正直にいうと、私を突き動かすものは、「ただいま」と言って帰って来られる場所をたくさんつくりたいということと、「おかえり」と言って温かく迎えてくれる人たちとのご縁を大切にしたいということなのだと思います。つまりは、自分にとっての「Home」をつくりたいということです。フィンランドに行った理由も、この気持ちに従って突き進んだというのが本当なのかもしれません。フィンランドを自分の人生におけるHomeにしたいという思いに従っただけなのです。

結果として、私にとってフィンランドは「ただいま」と帰れる場所になりましたし、「おかえり」と迎え入れてくれる場所となりました。この1年間、ただそれだけを最上位の目標として、関係を築いていったと言っても過言ではありません。これまでに出てきた数々のエピソードもすべて、この関係性づくりのためだったのだと思います。それは、ポーランドも同様です。たった2週間ですが、ホームパーティーに誘ってもらったり、お寿司パーティーをしたり、互いがリスペクトと愛をもって同じ時を過ごしました。

この1年間にわたるチャレンジの、自分のなかでの一番のゴールは、フィンランド教育を学ぶことでもなければ、幼児教育を学ぶことでもなかったのだと思います。この先の人生における一生のＨｏｍｅを得ることと、かけがえのない大切な方々との出会いを一生のものにする関係性を築くことだったのだと思います。

安心できる場所があることが、次の行動へと導いてくれる

行動するとその場所を離れることになるので、一見すると相反するように見えるかもしれませんが、日本を離れたことで、なおいっそう自分の大切なものが見えるようにもなり

ました。フィンランドでは、自分にとっての日本でのHomeである、生まれ故郷の大阪、たくさんの方々が応援してくれている富山、熱い思いを共に抱いた静岡などに思いを馳せる日々を過ごしました。帰国後、これらのHomeを訪れたときには、みなさんがあたたかな笑顔で「おかえり」と迎えてくれたことは言うまでもありません。その一言に、愛を、そして大きなパワーを感じ、また次の行動へと導いてくれるのだと確信しました。自分にとって安心できるところがあるからこそ、大きな一歩を踏み出せるのです。

私がフィンランドというHomeを得たのと同様、今度はフィンランドから私を訪ねて日本に来てくれる友人にとって、日本がHomeになってほしいと思っています。どれほどのおもてなしをしても、私が彼らから受けたたくさんの愛にはとうてい及ばないですが、全力を尽くすしかありません。このような関係性にこそ、豊かな人生を送ることができるヒントが隠されていると思います。改めて、日本が世界に誇る「ICHIGO ICHIE」を大切に生きていきたいと心に誓うのでした。

生徒からのお別れメッセージが書かれたフィンランド国旗を胸に

おわりに――フィンランドは幸せな国なのか!?

フィンランドに来た当初の私は、この国がなぜ「幸せな国」と呼ばれているのかについて、肌で感じその秘密を探ってみたいと思っていました。すべてのことが目新しく刺激に満ち溢れている毎日を過ごしていたものの、それもいつしか自分のなかで当たり前のものになっていったのでした。住めば住むほどその答えはわからなくなり、意味づけをしていくむずかしさを感じるようになっていきました。もしかすると、2019年に教育視察ツアーで1週間だけフィンランドを訪れたときのほうが、わかった気になっていたかもしれません。

フィンランドが幸福度世界ランキング7年連続1位を獲得していることは事実ですし、その調査の基準も明確に示されています。けれど、1年間私がフィンランドで過ごした先に得た、幸せについての絶対的な答えは、まだまだわからないというのが正直なところです。

さまざまなことを肌で感じ、知れば知るほど、幸せの基準は人それぞれであるという結論に近づいていきます。そんななか、私が確信をもって伝えられることがあります。それは、「私はこの1年間、本当に幸せだった」ということです。そして、「フィンランドという国が私を幸せにしたのではなく、フィンランドで出会った方々が私を幸せにしてくれた」ということです。これは紛れもない事実であり、たくさんの奇跡のようなご縁が私の毎日を彩り、愛に満ちた時間を過ごさせてくれました。

フィンランドに来たからといって、誰もが幸せになれる、そんな夢のような国ではけっしてないと思います。異国の地で生活するのはそれなりの苦労もあります。気候面の違いも大きな影響を与えるかもしれません。しかしそんな環境であっても、誰と出会い、どんな物語を紡いでいくのか、この積み重ねで日々は変わっていきます。フィンランド生活を終えた〝今〟の私が思う幸せの答え。それは、「幸せとは、人間関係における豊かさである」ということです。

帰国後、ある人から「1年間のフィンランド生活を漢字1字で表すと？」と質問されました。そのとき、私は迷うことなく「愛」と答えました。私のフィンランドでの1年間は愛に満ち溢れ、彼らを心から愛し、彼らから愛されたかけがえのない時間だったからです。

遠く離れた日本からやってきた「Hiroki Tokudome」を、一人の人としてリスペクトし、大切にしてもらえたことが、これからの私の人生にとって大きな力になっていきます。フィンランド生活のなかで、「自分が満たされているからこそ、相手に優しくできる」ということを教えてもらいました。

今まさに、たくさんの愛で満たされた私が、日本を舞台に、愛の循環の一歩目のスタートを切りました。これから、フィンランドから持ち帰った愛をみなさんにしっかりとお伝えしていきます。

さて、ここまでお付き合いいただき、ありがとうございました。私がフィンランドで見つけた〝今〟を生きるために大切な5つのことが、みなさんの心へと届きましたでしょうか。これらが、あなたの背中をそっと押すことを楽しみにしています。今を全力で生きることでしか、未来の扉は開かれません。そして、その今を、どんな自分でありたいのか、どんな自分で生きていくのか。さあ、今度はあなたが、自分の人生の道を、自分の意思で歩み進めるときが来ました。未来に希望をもって、一緒にワクワクしていきましょう。

この場をお借りして、私の夢の一つであった「単著での、マイフィンランドストーリーの出版」を叶えてくださった教育開発研究所様へ、厚く感謝を申し上げます。コロナ禍にご縁をいただき、そのときに描いた夢がみごとに叶いました。「夢を描かなければ、夢なんて叶うわけがない」、だからこそ、あのときに心に誓って本当によかったです。『教職研修』「フィンランド見聞録」の連載から携わってくださった岡本淳之編集長、自分の夢に向かって一歩踏み出した大石龍太郎さん、本書の編集に多大なご尽力を賜りました桜田雅美さん、早川沙希子さんに心より感謝申し上げます。また、『とくちゃんコアラ』の生みの親であり、イラストを担当してくださった似内成美さんにも重ねてお礼申し上げます。

最後に、私のチャレンジを誰よりも応援し、いつも広い心と最高の笑顔で支えてくれている妻の由貴に、感謝の思いを伝えたいです。本当にありがとう。

どこにでもいる教員だった僕が、日本から遠く離れたフィンランドの地で、たくさんの方に愛され、〝今〟を生きることの大切さを学んだ、３６５日の旅をここで終えたいと思います。

次はどんな未来が待っているのでしょうか。Kiitos paljon!!

徳留　宏紀

【巻末資料】

もっと知りたい！フィンランドのこと

フィンランドの文化

ユニークなフィンランドのイベント

ちょっと変わったユーモラスなイベントがあるのがフィンランドの不思議な魅力の一つです。たとえば日本でも知られている「エアギター選手権」は、その名のとおりギターを持たずに「エアギター」を抱えて、ロックスターになりきるものです。かつて日本人が優勝を飾ったこともありました。

ほかにも、使い終えた携帯電話を投げて飛距離を競い合う「携帯電話投げ選手権」や、「どろんこサッカー選手権」、男性が女性を抱えて行う障害物競走「奥様運び世界選手権」などもあります。

日本でおなじみのフィンランドの食器

日本でフィンランドのイメージとして忘れてはならないのが「ムーミン」ですが、フィンランドではどこの家庭にもおもしろいほどにムーミンマグカップが置いてあります。また、iittalaやArabiaのコップやお皿もほとんどの家庭にあります。そのほか、かわいらしい花柄で人気のマリメッコは日本でもおなじみです。

私が住んでいた最寄り駅の近くにマリメッコ本社とアウトレットがあり、いつもたくさんの日本人観光客が訪れていて、フィンランドなのか日本なのかわからなくなるほどの賑わいでした。価格も日本で購入するより断然安く、さらには新商品を手にすることもできます。社員食堂でランチを楽しむこともできますので、フィンランドを訪れた際にはぜひお立ち寄りください。

福祉国家フィンランド

暮らしをサポートする「ネウボラ」

フィンランドの福祉について語るうえで欠かせないのは「ネウボラ」です。ネウボラとは、フィンランド語で「アドバイスの場」という意味です。フィンランドの各自治体には、ネウボラと名のつく保健福祉の支援拠点がいくつかあります。

今、日本でも注目を集めているのが「出産・子どもネウボラ」です。そこでは、定期的な健康診断や相談が行われ、妊娠期から子どもが学校に入学するまで、母子だけでなく父親を含めた家族全体の心身のサポートを行っています。これは、誰でも無料でアクセスできる自治体サービスです。

ネウボラは予防的医療の提供に焦点を当て、健康診断や予防接種はもちろん、栄養指導、心理サポート、さらには児童虐待や夫婦間ＤＶの予防的支援にも力を入れています。また、相談しやすい場として、対話と連携を大切にした関わりも行っています。ネウボラ担当の職員の方は、「サポートするのが私たちの仕事であり、すべてにおいて指導するわけではない。本人ができるだけ自己解決できるように導きながら、上から目線で押しつけることはしないように気をつけている」と話してくれました。

国からの贈り物「育児パッケージ」

フィンランドでは、「育児パッケージ」と呼ばれる贈り物を国から受け取ることができます。これは母子手当の一つで、フィンランド社会保険庁（ＫＥＬＡ）から支給されます。このパッケージには、ベビーブランケットや寝袋などの寝具、衣類、おむつやおむつ交換に必要なアイテム、入浴用具など、妊婦や新生児から１歳頃までに必要なもののほぼすべてが詰め込まれています。育児パッケージは男女ともに同じもので、箱の色が毎年違います。何色の年に生まれたかがママ友の間で話題になることもあるそうです。

育児パッケージを受け取る唯一の条件は、ネウボラか医療機関で妊婦検診を受診すること。この条件を設けることで、必ず妊婦検診を受けるような流れをつくっています。このように、生まれる前から子どもたちが社会の一員として歓迎されているというのも、平等を大切にするフィンランドならではの政策のひとつではないでしょうか。

フィンランドの教育

教育の「無償」と「平等」

フィンランドでは、教育の無償と平等が強調されます。これは、「人は生まれながらにしてみな平等」という話ではなく、「人は平等には生まれてこないからこそ、国が平等で無償の教育を提供することに力を入れる」ということかもしれません。

実際授業で使う教材やパソコン、鉛筆、消しゴム、ノートに至るまですべて無償で提供されています。さらには、給食費も一切かかりませんし、通学定期券も支給されています。

『フィンランドの教育はなぜ世界一なのか』(岩竹美加子)では、「貧富、性別、宗教、年齢、居住地、民族、性的指向などの違いによって差別されることのない、等しい出発点を一人一人に保証する。そうした違いのために教育を受けられなかったり、断念したり、差別されたりする事がないよう、教育の平等を保障、一人ひとりの充足感を高めていくことが出発点である」と述べられています。

「平等な教育」とは、こうした制度だけにとどまらず、学習成果においても実現されるべきものという考え方から、フィンランドの学校は、学校間格差が小さいと語られています。さらには、成績上位層と下位層の差が小さく、落ちこぼれをつくらない教育であるとも言われています。

存在する「格差」に目を向けることも大切

一方で、「小さい」とはいえ、やはり目を向けなければならない「格差」はあります。実際に同僚の先生も、「教育の質は学校によるものが大きいし、もっと言えば教師によるものや生徒によるものが大きい」と語っていました。ヘルシンキ市内の高校でも、統一テストの結果をふまえて、公式ではないにせよ、人々の間では学校ランキングが存在していることも事実です。

この「格差」の大小は、何と比較するかや、何を基準にするかによって違ってきますので、フィンランドの教育について外向けに語られていることだけを鵜呑みにしないよう、気をつける必要があります。

また、「フィンランドには宿題がない」とか、「テストが一切ない」というのは間違いで、授業によっては毎回のように宿題が出ていますし、学期の終わりにはテストも行われています。

ナショナルコアカリキュラム

「どのように学ぶか」を大切に

現在フィンランドで使用されているナショナルコアカリキュラムは、２０１４年に告示され、２０１６年から施行されたものです（これを軸に、内容は毎年少しずつ変化しています）。

教育庁の説明によれば、現行版のベースにはＥＵの「Key Competences for Lifelong Learning 2007」とＯＥＣＤの「Education 2030」があり、

以下の4点を柱としています。

①指導法と学習法を変える（「何を教える／学ぶ」から「どうやって教える／学ぶ」へ）

②教科学習と汎用的な資質・能力を明確に関連付ける

③「学校文化」を変える（学校にまつわるさまざまな因習化した概念を払拭する）

④電子黒板・タブレット・PCなど、教育を全面的にデジタル化する

実際に私がフィンランドの学校現場で過ごすなかでも、これらのことは随所に意識されていました。たとえば、すべての教室にICT環境が整っており、生徒も1人1台のPCを使って、Google classroomやYoutubeを効果的に学習に取り入れていました。また、教科の内容だけではなく、どのように学ぶのかを大切にした授業が多く、学び方を生徒個人に委ねる（選択させる）学びの場面も非常に多かったです。

「教科」は資質能力を育むための「道具」

現行のナショナルコアカリキュラムが示されたときに、一部のメディアからフィンランドで「科目」がなくなるとの記事が出ました。これは誤解で、教科がなくなったわけではありません。教科は資質・能力を育むための「道具」と位置づけられましたが、教科指導が軽視されているわけではなく、両方を大事にしながら、今後社会で必要とされる力を出発点として、教科の指導内容を再定義したと捉えられています。

新たな試みとして、「Phenomenon-based Learning（フェノメノン・ベース学習）」とよばれる教科横断的な学びを、年に1回以上設けることが提唱されました。その土台には、「問題解決スキルと学校で学ぶ知識を、実生活での問題と結びつける必要がある」という考えがあります。世

界で起こる現象に対して、「さまざまなレンズ」を通して見て、考えることが大切にされています。「さまざまなレンズ」とは、たとえば貧困の視点や、持続可能性の視点、世界経済の視点などから捉えるということです。

これらの学習を通じて、さまざまな手法を用い、問題解決能力や創造的思考法などの21世紀型スキルを身につけていくことに重点が置かれています。これらの背景にはさらに、事実を得るという学びだけではなく、今までの考え方を変え、学習マインドを再構築するという狙いもあります。真正の学びや、意味ある背景をもった学び、生徒が主体的に学びに向かうということがこのカリキュラムのなかで強調されているといえます。

学びの主役を意識した教科横断的な学習

これらを考え方の軸としたうえで、具体的に学校現場では以下のような方法が取り入れられています。まず、子ども自身が好きなテーマを考え、2〜3人のグループで調べ学習を始めます。そのなかで関連のある内容についてさまざまな教科の観点から学びを深めていきます。たとえば、「水」をテーマにした場合は、理科と関連させて実験を行ったり、社会と関連させて環境問題と結びつけたりします。ほかにも英語で文献を読んだり、図工の時間に水に関連付けた絵や模型を作成したりします。これらの学習を通じて、一つのテーマに対してさまざまな視点で捉えることで興味や関心を高め、学びを深めていくのです。そのプロセスで、問題解決スキル、他者と協働するスキル、さらには学び方を学んでいくことがこの学習の一番の特徴といえます。先生の役割も、「教える」から「環境づくり」と「学びのサポート」に変容してきていると言われています。学びの主役は誰なのかを意識し、「学びは我が事」ということが大事にされているのがひしひしと伝わってきます。

このように、フィンランドでは子どもたちにどのような力を育みたいのかを明確にしたうえで、手段として教科横断型学習が用いられています。フィンランドで行われているからといって、これがすべての正解というわけではありませんが、こうした考え方、学びに対するマインドは、日本においても非常に参考になるのではないかと思っています。

学習評価

子どもの成長のための学習評価

フィンランドの教育について紹介する日本の書籍などで、フィンランドではプロジェクト型の学習を通して、知識・技能をトータルな思考力の中に見る、いわゆる「パフォーマンス評価」が行われているため、学力テストなどで評価をせず、教師が出題する課題に対して評価を行うとされているものもあります。

しかし実際には、小・中学校では教科書の単元の終わりに、高校では7週間にわたるコースの終わりにテストが実施されています。私が働いていたヘルシンキ国際高校では、テスト週間が設けられていて、テストの結果によって評価をしたり、エッセイなどの課題提出によって評価をしたりする先生などさまざまでした。ちなみに、ほとんどのテストはパソコンを用いて行われていますが、その理由として、高校卒業時に受ける全国共通の卒業試験がパソコンで行われるため、その練習も兼ねているという側面もあります（なかには紙を使うテストもあります）。

評価は「4」から「10」までの段階に分けた評定が行われていて、3以下は落第となります。基本的に、これらの評定を用いてクラス内での序列や順位をつけることはしていません。あくまで、評価はその子の成長のためのものであるという考え方が浸透しています。

フィンランドでは年2回実施することが義務づけられている面談を、学期はじめの三者面談として行うことで、学校と保護者の連携がとりやすい環境をつくっています。この面談で評価を伝えたり、これから始まる1年間の学校生活について目標設定を行ったりすることが一般的です。

校務管理システム「Wilma《ヴィルマ》」の活用

評価の伝達は、Wilma《ヴィルマ》と呼ばれる校務管理システムを使って行われることもあります。このシステムには、本人だけでなく保護者もアクセスすることが可能です。学習の成績の確認はもちろんのこと、どの授業に参加しなかったのか、いつ子どもが学校に出席したかなど、子どもの学校生活全体についてもわかるようになっています。そのほか、保護者との連絡や、時間割の作成にも使われています。さらには、成績証明書の作成も行うことができます。

ほぼすべての先生が、授業を終えるとすぐに、子どもたちの出席情報をWilmaに記入するというルーティーンで出席管理の作業を行っていました。Wilmaの導入によって、今まで手書きのノートで行っていた保護者とのやり取りが、システムでできるようになり便利になった反面、いつでも連絡が取れる（取れてしまう）ことによるデメリットを感じている先生がいるのも事実です。システムの導入には、メリット・デメリットの両面があるというのも知っておいてほしいことです。

《参考文献・資料》

・岩竹美加子『フィンランドの教育はなぜ世界一なのか』新潮社、2019年【巻末資料】
・外務省ホームページ　フィンランド共和国（Republic of Finland）基礎データ、https://www.mofa.go.jp/mofaj/area/finland/data.html（2024年2月9日最終アクセス）【巻末資料】
・北川達夫・髙木展郎『フィンランド×日本の教育　どこへ向かうのか』三省堂、2020年【巻末資料】
・小泉令三『「社会性と情動の学習」（SEL）と教育的公正―アメリカでのCASEL SEL-EXCHANGEの資料をもとに―』福岡教育大学大学院教職実践専攻年報第10号、45〜49頁、2020年【巻末資料】
・坂本惠『「丁寧」「配慮」「尊敬」「尊重」―待遇コミュニケーションのキーワード―』待遇コミュニケーション研究16（2019）―特別寄稿―【3章】
・徳留宏紀『先生を幸せにする　フィンランドの電話の鳴らない職員室』教育新聞、2023年4月22日付【2章】
・徳留宏紀『居心地の良い学び場の秘密　フィンランド新校舎移転ルポ』教育新聞【2章】
・徳留宏紀『午後4時半、先生は「学生」に変わる』教育新聞、2023年6月3日付【2章】
・徳留宏紀『生徒が学びに夢中になる　ラウラ先生の授業の仕掛け（上）（下）』教育新聞【2、3章】
・徳留宏紀『「ないなら私たちで」インクルーシブな教科書を作った教師たち』教育新聞、2023年11月18日付【3章】

・日本フィンランドデザイン協会、萩原健太郎『フィンランドを知るためのキーワード　ＡｔｏＺ』ネコパブリッシング、２０１９年【1章】

・福田誠治『フィンランドはもう「学力」の先を行っている――人生につながるコンピテンス・ベースの教育』亜紀書房、２０１２年【巻末資料】

・堀内都喜子『フィンランド　幸せのメソッド』集英社新書、２０２２年【巻末資料】

・リッカ・パッカラ『フィンランドの教育力　なぜ、ＰＩＳＡで学力世界一位になったのか』学研新書、２００８年【巻末資料】

・馬込卓弥ほか『フィンランドと日本における教師教育に関する一考察―特別支援教育に着目して―』追手門学院大学社会学部紀要第15号、19～43頁、２０２１年【3章】

・マリヤークリスティィナ、レルカネン（ユバスキュラ大学）／松村京子（佛教大学）翻訳『フィンランドの教育と教師養成の秘密』第25回研究大会特別講演【3章】

・Kirsti Lonk “PHENOMENAL LEARNING from Finland” EDITA, 2018【3章】

・The Journal of Studies on Educational Practices Vol24,No2 69-72,2023　教育実践学研究第24巻第2号、２０２３年【3章】

■著者紹介■

徳留宏紀（とくどめ・ひろき）

三宅町立三宅幼児園園長／ Nordic Education 代表

1990年大阪府大阪市生まれ、現職は三宅町立三宅幼児園園長（奈良県幼保連携型認定こども園）。2013～2022年まで大阪府泉佐野市立新池中学校教諭を務める。教科学習を通じて非認知能力＆認知能力の向上を実現し、全国各地の学校や幼保こども園で非認知能力を育成するための講演会を実施。2023年から1年間、フィンランドのヘルシンキ国際高校（Helsingin kielilukio）に勤務し、現地での生活を満喫するとともに、さまざまな出会いに恵まれたのち、日本に帰国。現在は、保育・幼児教育の世界を舞台に日々、管理職として奮闘中。著作に『スウェーデンと日本発！非認知能力を伸ばす実践アイデアブック』（共著、東京書籍)、「フィンランド見聞録」（月刊『教職研修』連載、教育開発研究所)、「世界の教室から―フィンランド編―」（『教育新聞』連載)。

教員だった僕がフィンランドで見つけた、
「今」を生きるために大切な５つのこと
――「どうありたいか」「どう生きたいか」を探す365日の旅

2024年7月20日　第1刷発行

著　者　徳留 宏紀
発行者　福山 孝弘
発行所　株式会社 教育開発研究所
〒113-0033　東京都文京区本郷2-15-13
TEL03-3815-7041 ／ FAX03-3816-2488
https://www.kyouiku-kaihatu.co.jp
表紙デザイン　長沼 直子
本文イラスト　似内 成美
本文デザイン　shi to fu design
印刷・製本　中央精版印刷株式会社
編集担当　桜田 雅美・早川 沙希子

ISBN 978-4-86560-596-9
落丁・乱丁本はお取り替えいたします。定価はカバーに表示してあります。